大展好書 好書大展

心靈雅集
40

業的思想

劉欣如／編著

大展出版社有限公司
DAH-JAAN PUBLISHING CO., LTD.

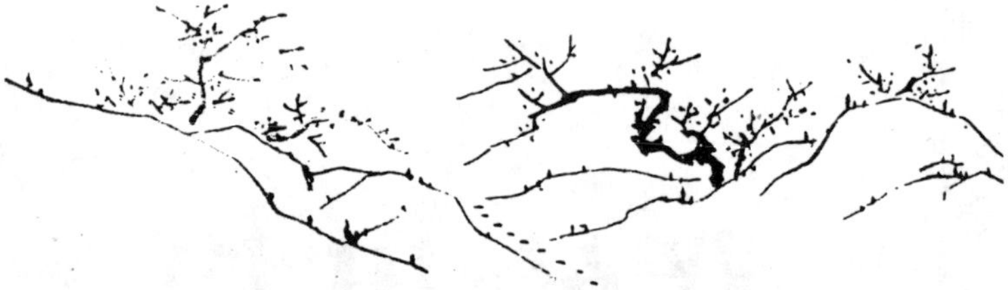

作者簡介：

劉欣如：一九三七年出生、新竹縣人。

曾任教台灣大專院校講師及福嚴佛學院。現在旅居美國洛杉磯市，擔任美國佛教宏法中心總編輯。譯作有：『阿含經與現代生活』、『佛教說話文學全集』（一～十一集）、『業的思想』、『大智度論的故事』、『釋尊的譬喻與說話』、『唯識學入門』、『唐玄奘留學記』、『喬答摩佛陀傳』、『佛教的人生觀』、『現代生活與佛教』等，並有佛教散文發表於國內外佛學雜誌。

目錄

第一章　宇宙的根源力

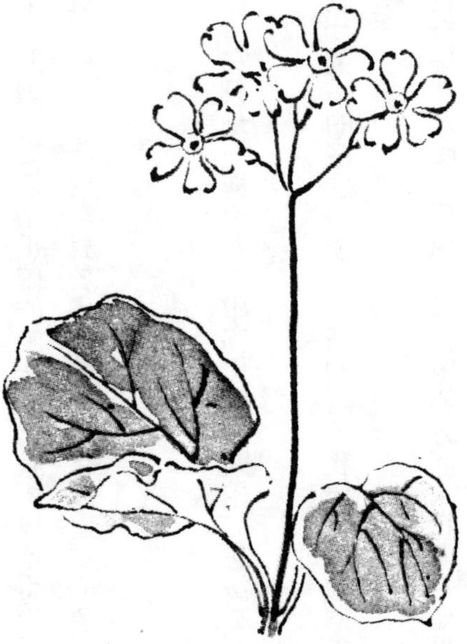

關於業的成見

一談到業的概念，首先，我們的腦海裡會忍不住浮起一種來自善因樂果、惡因苦果的命運論。

通常，大家習慣說善因善果，或惡因惡果，嚴格地說，佛教理應出現善因有樂果，惡因有苦果才對。所以，我現在要採用善因樂果，惡因苦果這項正確的說法了。我所以不用善果與惡果，將會在下面敍述理由，從那裡不難明白，這種說法對於佛教的業論有極重要的意義，這一點敬祈讀者一定要注意。

另外，似乎還有一項成見必須注意。那就是，業的思想屬於印度的產物，難道它只是一種印度與印度思想範圍內的想法嗎？這是一個疑問。

若把根深蒂固在日常生活裡的諸種有關「業」的概念，加以整理的話，我想可以歸納成兩點。

即如上述，在我們的日常生活裡，業具有倫理意味，只用在勸善懲惡方面。然而，如果佛教的業只限於這樣，那麼，它跟中國的儒家的道德論又有什麼差異呢？倘若是佛教的業論，那麼，它在佛教哲學上有什麼特殊意義呢？這是一個值得重視的課題。

其次，倘若業只是東方人的思想，那麼，它有沒有一種超越民族性的普遍性存在呢？而且，在這樣複雜歷史的現實世界裏，將來有沒有一種足以對應的思想呢？我想這也是一項重要課題。

力的概念

我們對於力的直覺概念是，它係透過佛教思想一直在流動的東西。所謂力者，一般人很容易以為它屬於科學範圍，殊不知在精神世界裏，力的根源性也是必須要思考的要素。

一談到宗教，難免會想到信仰，一談到信仰，就會想到神那種自己以外的絕對存在，這是一般人對宗教的了解，殊不知發源於印度的諸類宗教，跟這種方向稍微不同。

關於印度諸種宗教的志向，倒不是一個神那種絕對者，而是傾向一個內在的東西。那麼，這個內在之物是什麼？那就是力了，它的自覺即是宗教，這樣一來，力裏自然含有宗教的本質。

那麼，也許有人會問，宗教是一門哲學嗎？的確如此，印度的宗教迫使人感受到它具有哲學的思索。哲學的思索，始於否定一切存在。因此，印度宗教連神也要否定，這是它們所以成為無神論的理由。

自然科學方面的宇宙力

據悉自然科學的最基本學問在素粒子論，但依照科學家的觀點說，在論理上要探究的學問，無疑是物質最終究的組織要素。

暫且依據科學家的敍述，我們不妨看看力這種東西在科學方面的意義，它的解說於下。自然界存在四種基本力量——電磁力、弱力、強力和重力。在物質運動的根源方面，元素也能在這些力量裡還元的。

如衆所周知，關於這些力（能源）的問題，似乎可以展開成一門科學進步的基礎學問。愛因斯坦在一九五五年逝世以前，據說他一直傾全力在統一電磁力與重力的探究。反之，曾在一九七九年獲得諾貝爾物理獎金的懷柏克教授等三位科學家，也曾表示在四種力量裡，不僅兩種能夠統一，其餘所謂強力與重力方面，亦得到或許也能適用的線索。

力遍佈在宇宙裡，世人把它看成科學與精神世界的共同要素。關於這一點，早在古印度時代的宇宙論裡，就已經指出來。所謂'Sakti，就是這種東西。

但，這種直觀的力，在科學上也能靠實驗嚴密地實證出來。精神上被直觀出來的力，雖然也等於一種力，但卻不能靠科學實驗證明出來。因為要實現這種實證，不是靠機械實驗，而得仰賴精神方面的經驗。

由此可見，力是要靠實驗與經驗等兩種方式能夠實證的東西。若只靠單方面，就不能掌握到力的全貌了。

宗教方面的宇宙力

若以感覺的方法說明那種遍佈整個宇宙的力，不妨解說為「動」。

這種「動」只有在自然界能夠掌握的情狀下，才等於科學世界的力。同樣的動，也會出現在精神世界。倘若把前者看成地上，那麽，後者堪稱為地下。同樣的動，在地上等於路面的路線，在地下就等於地下鐵了。

「動力」在地下能夠掌握時，它所表現的最後世界，就是存在人間的世界。

談到這裡，可知動即是力，有一種科學世界不曾被人類發現的次元，就是時間。科學世界裡，大家對自然界的力正朝著一種方向去探究，那就是把它看成物質的根本組織要素。探究的方式，可以說是空間。

所謂空間，就是跟主觀的任意操作無關，它是儼然存在的客觀事實。

相對地說，在地下——精神世界——被人直覺出來的「動」，就是時間。原因是，我們可見時間的現實狀態最易變化。先驗範疇那種時間，不是人生現實狀態那種東西。

若依印度的思想方式說，時間叫做刹那，它可在最短時間內轉變的東西。固定不變那種時間範疇，既不能先驗地想像得到，也非存在的形式。時間只是一種瞬息或剎那的感覺。其間的實況，甚至連瞬間也說不上。凡被感覺得到的，不是瞬間，而只是所謂變化這種現實狀態罷了。

例如，大家不習慣注意每天跟自己親切見面的朋友或同伴。其間的時間意識正在消失。等到幾年後重逢時，才會注意彼此的相貌變化。但在這段日子裡，雙方會發現多少歲月過去了，結果，才開始數一數時間。

數年前的過去，跟數年後的現在之間，所存在的現實狀態，叫做變化現象。若無這種變化實況，想怕我們腦海裡就不會浮現到底經過多少年的時間概念了。

為了配合變化的情況，我們把時間區分為過去、現在和未來。這種擬定很抽象。擬定時間不外是變化現象的抽象化。

感覺變化，藉擬定時間這種心理經過的場面，只存在人類世界，恐怕不會出現在其他動物的世界。人與其他動物的差別，最重要的是，本質上有變化的意識化，也可說是在時間意識方面。

再者，時間意識即是活動意識。活動不外表示一種宇宙根源力的時間。時間意識所以會發揮其根源意義，在於人類的社會。所以，它只存在人類獨特的地方，即宗教世界裡。

可見宇宙的根源力，始於宗教界，讓人直覺到它是一種時間意識。

人倫世界與力的發現

人倫世界可說是個人存在的複合體。其間，除了個人存在，還形成跟其他人的連繫。誠如上述，人的個體自覺全在時間意識。

那麼，個人與他人連繫又是如何呢？表面上看，那只是脫離時間意識的空間關係。倘若個人與他人的關係呈現空間狀況，那麼，自己與他人，只會存在兩個物體性質。兩個物體不接觸時，正是這種情形，它只不過是在空間上佔據場所的兩個物體罷了。

一旦互相接觸時，兩個人就各自擁有自身的過去，也是兩個等待未來的人。那就是，會明白時間意識的存在。其間出現個人與別人的人倫關係。兩人意識到過去、現在、未來等時間的流動而開始連繫上了。從此才能成立人類社會。

人倫社會不是動物社會，因為它具有人倫特性，所以，它跟個人的情況一樣，時間意識會領先。

人類社會的結構，也跟個人存在一樣，把時間的自覺，當做它的論理基礎。

由此可知，宇宙的根源力可從某種方式來探究，就是從自然科學的對象——宇宙開始，直到它顯現在人類世界的情形。

業與時間意識

上面不僅談到個人的存在，也指出人倫與人類社會裡，時間意識在其底邊存在的情形。當我們談到業時，首先想到的是，過去、現在和未來等時間的劃分。因為有過去的業，才會出現現在的果（業果），由於現在的業，它的果也許將來會成熟，諸如這種一般人的理解，就是很好的例子。

一般人的理解是，老老實實地探討業的本質。

人類的存在——個體，也是社會——，在過去、現在和未來等三種時間的變化，可以被意識得出來。那就是，本質上，人類的存在可以意識到業，也是一種業的存在。

宇宙的根源力，在科學上可依靠實驗來求證，在人類社會上可依經驗來求證。

換句話說，宇宙的根源力在人類世界，可靠業的自覺來求證。因為經驗不外是一種業的世界罷了。

第二章　業的起源

業的字源

業（Karma）的字源是「造」（Kṛ）這個字的概念，含有幹活的意思。

業有三種意思（婆沙論，一一三・大・二七・五八中b）。那就是作用、法式和果等。

所謂作用，依字源的解釋是，最基本的活動。

所謂法式是，佛教教團的成員（比丘、比丘尼、沙彌、沙彌尼、式叉摩那、優婆塞、優婆夷）遵守的作法。作法的意義是，禪或密宗所說的羯磨。

果的定義是佛教的說法，意指業論。那就是行為，一提到行為時，必然伴隨有苦與樂的結果，屬於意志的動作。不伴隨意志的動作，雖然是一種運動，卻不能說是行為。

深受佛教重視的是，意志本身及伴隨意志的動作。把意志本身當做行為（意業）。不消說，陪伴意志的身體動作，屬於身體的行為（身業），透過言語表示於外時，叫做言語或語言的行為（口業、語業）。發生某種動作時，在佛教深受重視的是，動作裡到底陪伴著什麼意志呢？

衆所周知，現代審判案件也很重視本人的意志。如果動作裡加上意志，則屬於計劃性犯罪，會被判成重罪。否則，等於過失致死，或執行猶豫。犯了罪後，若肯去自首，罪刑就會減輕。原因是，對自己的過錯懷有後悔的念頭，法官很重視這項意志。

早在古代就很重視人的意志，佛教已經指示很清楚了。所謂業，即是意志動作，這是人類行為的意思。業就是指這種人類行為的世界。

宇宙力的結構與業

如上面所說，遍佈宇宙那種力，可以活動方式實證得出來。活動不能在一次元上被探索出來，因為它存在彼此不同的要素之間。象徵性地說，即是陰與陽，也似加與減之間的運動。如果論理性地說，它具有A與非A兩極。只靠任何一方面，都動作不起來。

若把宇宙說為大宇宙，那麼以力這方面看，人類是它的副本，才能說出小宇宙。因此，在小宇宙裡活動的力，就是業了。這樣一來，業也如同宇宙力一樣。必須具有兩極性，才能完成它的基本結構。

業裡若有善，相對地，也會有惡才對。所謂善業與惡業，雖然可以藉此說明善與惡的倫理概念，若從力的結構來說，善業與惡業不外等於力的兩極性。

如果說業是一種意志的行為，那麼一般人常常誤解它是靠自我意志所做的一切行為。此時，行為只走單方面的肯定路線。通常所謂意志自由，屬於這種意思。但，意志自由也是積極所作的自由，而如何制禦也是一種自由。換句話說，兩者都是意志的自由。這裡呈現做作自由，與不做作自由等兩極性。

大自然是自然科學研究的對象，宇宙力在這裡會以運行方式呈現，而對人類會以意志方式呈現出來。所以，人的意志動作，也能先出現為宇宙力的分開動作。這就是佛教所說的業了。

業與自由意志

所謂自由是，把意志當做作的可能性而言。按照通常所謂的自由，等於可能做作的單方面自由，另一方面，就是缺少不做作自由。

倘若應該做作也能夠自由的話，那麼，不該做作也可以自由了。知道應該做，也同時知道不該作時，才有真正的自由。

甚至在現代的法院審判方面，除了有積極證言的自由，也保障另一種默秘權的自由——拒絕證言。無如，行使默秘權，等於拒絕證言，只是一種消極表現。不過，在此卻有證言與默秘權同時存在。

但，佛教所謂不做作自由是，一種必須否定證言本身的自由。也是必須控制證言本身的東西。

再用比喻的方式說時，若有做惡業的意志時，同時，也會出一種不該做惡業的念頭。這時候，控制惡業的想法，也是一種意志。結果，做惡業的動作，才會中止。可見造惡業與不造——像證言與默秘權一樣——沒有並列。默秘是指一個人若沒有打消證言的能力，就根本沒有自由這種情狀。

真正的自由，不在於兩者並列。反之，真正的自由，卻在於如何使兩者合而為一。從前，據悉佛陀碰到有人詢問跟實踐解脫無關的科學，甚至哲學問題時，他默不作答。這是默秘權的行使。但是，佛陀默不作答卻像響雷一樣。有人問佛陀：「這個世界是有限，還是無限呢？」、「死後出生何處呢？」殊不知這些不過是與宗教實踐無關的疑問罷了。佛陀默不作答，等於理性地否定這些疑問，雖然超越理性，也等於指示理性的根底。

若站在思想史上說，佛教思想史的永遠探討，實際上也能分析佛陀默不作答所表示的意義。

佛陀的沈默，遠比雄辯更能說出真情實況。因為他指示了超越對立的次元。惟有這樣，才表示佛陀的沈默猶如響雷，讓深妙的諸種思想開花。

業與實踐

依據實踐的概念，所表示的佛教行為，如果分析它的過程，我想會經由以下的階段。

首先，會湧起某種意欲何為的意志，那就成了行動，最後會現出結果。從意志到行動結果的過程，依據論理上說，從原因到結果，即是把因果關係當做一種原理。不僅這樣，從一切人類的行動開始，直到自然界的運行，都不會跟因果關係脫節。這樣一想，不論人間或自然界，都靠因果連鎖在連繫，而沒有不能連繫的偶然之處。縱使暫時看來好像很偶然，或者我們稱它為偶然，實際上只是我們不知其故罷了，而不是沒有原因。

尤其，原因不止一端。它含有許多不特定原因。佛教稱它為緣。所謂緣，即是多因，也意味諸種條件。

不論如何，在人類的任何實踐行動裡，這種因果原理成為它的根源。

談到業的問題時，所謂業因業果，正屬於這種情狀。業也必定在因果原理上面活動。依照這項因果原理來說，既定為原因那項起因是不能被調換。當然，這項原因所帶來的結果，也不能調換，必然與原因連結。從此，才會出現原因與結果的必然連繫性。

在科學上，這是他們所謂因果關係的必然性。

然而，如果換成人類行為，那麼情況跟科學那種因果必然性就不完全相同。依據佛教的說法，某種行為產生某種結果，一定會以因果關係的必然性為根底。不過，這裡所說的因，倒不限於科學所說的一因。因有許多種，換句話說，雖然屬於因果關係，卻非一因一果，而是多因多果的關係。

人類行為的結果，不是依靠一因一果那種單一關係來決定，其他諸種原因也會起作用。

因此，過去雖然有一項善業，結果並不一定會出現善果。在一項善業的因，帶來樂果的過程裡，其他各種因也會跟它起作用，結果不一定是快樂。雖然，業是一種引發結果的作用，但，它不是產生業果的東西。

由此可知，「引」（akṣepa）與「生」（janana）兩個字有些區別。宇宙萬物——包括人類的行為——決非以無中生有的方式，會產生全新的東西。表面上看好像生出某種東西，實際上，其間已經存在的東西，只不過是被牽引出來的一個結果，所呈現的結晶罷了。反正不是無中生有的東西。光是業力，並非絕對，業只會引出果來。對於果的出現來說，業充其量是它的助緣罷了。這種論點即是因果理法的解說。

由此可見，因果關係有兩種狀況存在。一種是一因一果的關係。另一種是多因多果的關係。倘若科學的因果關係，屬於一因一果的關係時，那麼，佛敎的因果關係，無異多因多果的關係了。

人類世界乃至人類行為的世界，更是這種多因多果論了。那就是說，業的因果論千真萬確，也是事實的存在。

業與命運觀

通常一談到業時，大家似乎都以為過去既定的事實，會出現必然的結果，誰也改變不了，我們除了容忍以外，別無其他方法了。

的確，業果業因僅限於以因果性為前提，所推理出來的關係，所以，必須要容忍過去那項業果，佛教的業也有這個層面，那是不能否認的。

不過，佛教以為這種必然性屬於外在的東西，例如身體和男女的區別，關於外在的生物學要素方面，則不能否定它的必然性。至於自然科學或缺乏意志的物質存在，應該肯定這種因果必然性，佛教也不否定它們。

但是，佛教是牽涉到人類生存的宗教。人類生存以行為為本質。行為產生的理由，在於可能引起行為的意志。問題聚集在意志行為方面。意志改變，業果也會改變。

自然科學方面的因果必然性，屬於外在原因與結果的關係，反之，佛教方面的必然性，則由內部條件引起的。換句話說，業是以內在意志為條件，命運依靠類似神等外在條件來決定。那是從外面某處跑來的東西，然而，業是在自己內心成長的。

佛經有一篇著名的文章，明確地區別自然科學，或生理學方面的因果必然性，跟佛教或人類因果（業）的必然性，這篇文章是經集：『義足經』（四六二偈）。

「勿問出生（Jāti），只問行為（Caraṇa）。實際上，火從柴薪產生的，縱使出生卑賤家庭，也有牟尼、勇者、高貴的人，和有慚愧心的人。」

人的價值不是由他律性那種過去的業，或上面偈文所說的生理出身，甚至由物質條件來決定。

並非如此，人的價值應該在知恥，擁有平靜的心境，對真理抱持勇氣那種高貴的品性。這項真理出現在實際生活上面。有人出生王族，身份高高在上，佔有廣大的領土，也會殺害許多人民來保持自身的地位。相反地，現在的印度到處可見貧困的乞丐，伸手向人求乞，一副可憐狀。試問人的價值到底存在兩者的那一邊呢？

的確，在言行與生活方式方面，國王與窮人存在若干差異，但是，這種差別可由窮人的行為（勞作），以及勞動報酬等社會改革來解除。只有人的心情會超越外在諸項條件，可靠自己的雙手可以得到的東西，而不是由其他來決定。佛教把此項真理當做自業，表示自己能夠得到的東西——自業自得。

意志不是附屬於限界的東西（determinare）。所以，有人說決定者是外界的神（神學決定論）、宇宙論的因果律（宇宙決定論）、歷史因素（歷史決定論——唯物論），意志決定論（倫理人生決定論），不論是什麼，反正佛教的業論一定不主張人的意志，可由外界來限定（moira）。

第三章　業與社會

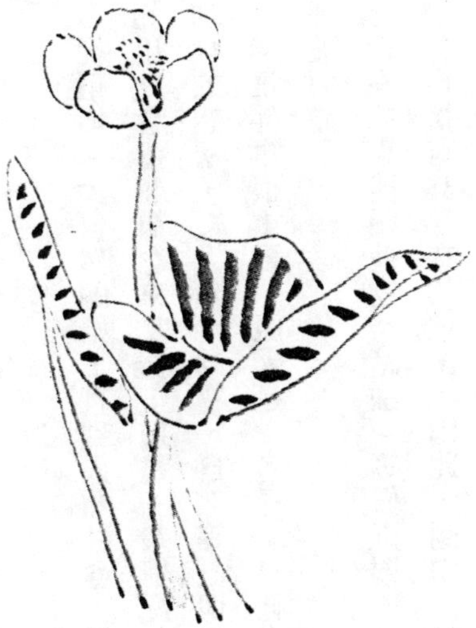

個人在佛教的意義

不消說，佛教是一種宗教。因此，佛教所謂的業，也應該限於宗教領域裡。

但是，佛教的宗教特性有別於其他宗教，因為他們以為個人只有奉獻給絕對者（神、佛）才能得救。佛教是單個的宗教，同時，在社會裡也是含有單個的哲學。佛教是宗教，也是哲學。因此，業的思想也等於宗教概念、哲學概念。實際上，其間發揮了佛教特色。

佛教的本質是超越個人救度的問題，而採取對整個社會那種業的形態。因此，社會意義也帶著佛教色彩了。

我們常識上所說的社會，包含多樣的內容，從環境、大自然開始，直到人類社會、動物社會、民族、習慣、福利社會等方面，幾乎全都用社會這個概念來掌握，這是一般情況。

那麼，佛教所意味的社會是什麼呢？依據佛教的想法，把人類、動物、自然等一切都看做社會以前，首先，不妨把一切都看成一種存在。這件事很重要，原因是，各種組織社會都跟各種架構脫節，一切衆生或一切諸法，都已經被解體了。

理應得到救度的個人或個體，早已不存在。存在的東西跟他物（諸法）等價齊觀，諸物之間沒有任何上下、尊卑的差別。因為一切諸物各自擁有其存在的理由。因此，個物即是他人無法取代的絕對存在，雖然是單個，也是絕對者。

佛陀得到正覺時，據說到達唯我獨尊的自覺。從個人方面說，這不外是一種個人的絕對自覺。

另一方面，若從絕對性方面說，絕對性在於超越個人。若用佛教的話說，即是把我無化了以後。這就是佛教所謂無我的哲學觀念。

因此，個人自覺在佛教方面，有一項存在論的前提——只認同個人為存在中的一個單位罷了。因此，個人的自覺——相反的說法——實際上證明個人為無。個人的自覺，就是個人的無的證明，若藉用道元禪師的話說，恐怕就是：「附和自己，即能實證萬法。」（現成公案）

由此可見，倘若個人只不過是萬物中的一個物象，那麼，他個人的業又怎麼說呢？

本來，業的本身就是一種宇宙能源的活動。這一點已如上述。宇宙萬物在活動中很有秩序地存在。

所謂秩序，可以叫做因果的理法。萬物靠宇宙的因果理法，會必然相互連繫起來。只要業屬於宇宙能源的活動，那麼，就一定要把它定位在宇宙的秩序裡。換句話說，它以因果的理法為原則。

若說佛教是善因樂果，惡因苦果，把業論當做本質時，那麼，它的根底下會聚集許多來自善因的樂果，或惡因苦果等結果，這項原則會橫在眼前。

總之，就要認同：「有因就有果」等因果理法才行。換句話說，要認同業是把業因業果這種因果關連當做其結構上的一個面。

業的因果關連，使我們得用業來解釋它屬於命運的要因。人類肉體的多樣性，不乏來自生理因果的關連性，許多肉體的多樣性，可靠生理學的物理分析，在科學上被證實為因果關連的必然性。

佛教也把這種肉體或生理的多樣性當做業。若換成時間來說，由於過去的因（業因），才會有現在的果（業果）。依靠因果關連，讓諸種現象秩序化，也讓它們含有整合性，業論在這方面就不會跟科學不同。因為它們依據這方面才能成立，也就是一種佛教的哲學體系。關於這一點，我將具體地敍述於下。

但是，業論不同於科學的決定論，這一點只限於業論那種因果關連的必然性，它屬於生理或物理的東西，並不到達內在精神那個領域。

社會在佛教上的意義

誠如上述，業有理性的一面——因果理法。這種合理性是，把人當做宇宙萬物中的一項來探討的業。

關於人的存在問題，尚有不同於其他無機存在的另一面。那就是我們所謂人倫社會，離開人倫社會，就不能以個別存在的方式來考量人的問題。

人類跟其他存在不一樣，會先置身於外來的意識對象裡，不單單被動式地意識對象，更會進一步把對象放在跟自己的關係方面來探究，即主動性地關心對象，總之，要去經驗或體認對象。

若有人問，人到底是什麼呢？我們不妨給他下一個定義，人會一面看見對象，一面體驗心理生活。人不外是對象與個人間的一種接合現象。集合無數的複合現象，其間出現人倫社會。人倫社會可以說是一種現象的複數連繫。

那麼，複合現象又如何出現呢？首先考慮的是，它們擁有因果關係。由此可見，考量因果的理法，及其本身也要仰賴業的力量。原因是，因果理法也是業所擁有的一面。換句話說，因果理法也堪稱為一因一果的關係。

然而，佛教所強調的是，業的另一面。那是針對一因一果那種多因多果的理法。所謂多因多果是，因與果都很單純，由於這個因，才會有那個因果，屬於單一性質，表示人類乃至人倫社會的複合體根本說明不出來。業是為了引出果的一項助緣，那也非靠一業產生的東西。依靠多因才產生多果。

總之，產生果的時候，必得有諸項條件。從諸項條件所生的果，也不是單一的果，而是複數的果。佛教稱這些條件為諸緣（Pratyaya）。

緣就是為了引出果，而邁向「果」（Prati-i-tya），這是緣的字源。佛教的業論重視這項想法。反之，因果理法那種因（hetu），原意是指生（Janana）。兩者嚴格上必須加以區分。但在現代用語裡，兩者沒有分別，把因與緣看成相同的東西，或混合運用因緣來概括，譬如說：「這也是一種因緣。」結果，使業的結構更加模糊和曖昧了。

人是對象與個人之間的複合現象，因此，對象會受到人的關注，對象也會因人而發生變化。對象以變化方式保持存在。它們跟人維持強勁的結合，才能形成社會。依佛教的觀點說，這種社會即是世間（loka jagat）。

世間就是煩惱的互相交纏，也是容易破壞（‘lujati’ loka），或一面在活動的情狀（‘gam’，jagat）。它也意味容易活動的情形（jagat），同時，意指那裡有一群人在活動。

所謂世間，就是在易動與易壞的現象裡，有一群活生生的人。本質正是限於易動的人倫社會。

易動的人倫社會，完全是人的本質，也是能讓人感動的社會。那是快樂或苦惱的人類的產物，而不是單靠因果關係的理法，就冷靜觀察得出來的社會。

在這種人類情感所生的社會（世間）裡，存在一種業的世界。由此看來，業的世界是一面包攝因果的理法（業因業果），一面必須含有超越它們的要素。那就是吸收苦樂等感觸的業論。因此，業論不止於業因業果上面，也能深入如善因樂果，惡因苦果等苦與樂的感觸裡面。因果關係不過是一種理法罷了，而善因樂果或惡因苦果，卻屬於體驗的世界。因為苦與樂純粹是心理生活的體驗。

因此，屬於合理理法那種性質的業論，會超越理性的次元，深入人類的情感世界。人倫社會充滿各式各樣的因素。夢境與現實、過去與現在等錯綜複雜。因為人生具有這樣複雜的結構，為了要給某種秩序，早就不是單靠因果理法就算足夠的。因為依賴因果理法的生長能夠解說出來，但卻無法給予存在的意義。

即使能夠理解人生的成立，倘若不懂人生的意義，就不能邁向人生未來的路。古代人對於因果理法的論理解釋不會令人滿足。因為他們企圖解釋自己內心的善惡感受，費盡心機去克服善惡對立的抗爭。

於是，這樣就產生了業的倫理解釋。累積善行，才會生出樂果，苦果也因惡行而來，那就是善因樂果，惡因苦果的理解方式。

業論的倫理意義

遠在佛陀時代，也就是原始佛教時代（紀元前六世紀—五世紀），關於業的研究有過多種不同論點的學派。

倘若追溯他們的起源，顯然承受古印度時代的韋馱或經集『義足經』時代諸種業說的觀點，如果歸納佛陀時代的諸項論點，情況大致如下。

有些採取宿命論那種業的解釋，有些主張無因論，有些根據如自在天等第三者的命令所成立的論點。這三種不同的業說，可從原始佛經（中阿含經）裡看出來，透過後來發展的各派，常常以不同的解釋出現。

如衆所周知，在這些不同的論者中，佛陀被稱為業論者（KammaVāda）、業用論者（KiriyaVāda），和精進論者（Viryavāda）。

如果想到當時的社會環境與知識水準的話，佛陀的說法也能肯定在採用兩種方法進行。第一種是涉及佛教以前的古印度哲學，那是佛陀對弟子（比丘）的說法方式。這是一般原理或普遍的哲學。

到了後代，就叫做絕對的方法（nikppariyāya, sanakirt, nihpariyāya）。這是一種原理性方法，不問所衆的資質如何。關於業的因果性，業與無我論的關係，業與自然界間的思辯等，都在佛陀時代出現，佛陀入滅後，這種方法在佛弟子之間議論紛紛。

另一種是相對的方法（Pali, sanskrit, pariyāya）。這種方法是依據對方的能力來說法。那就是今天所謂隨機說法。

若用倫理的意義探討業論時，常用相對的方法說法。

「倘若其業不善，就會承受煩惱、哭泣之果。反之，倘若其業為善，不但不會煩惱

，反而會得到喜悅、安心之果。」（中阿含經，一卷、五七頁）

意指人若成就善業，該得到的結果是快樂，若造惡業時，結果是苦的。若依原理的方式說，即善業有善果，惡業有惡果。但是，若只強調這種因果性，它會有絕對的普遍性嗎？換句話說，那是靠絕對的方法在說法嗎？芸芸衆生每天都過著很踏實的生活，上述的說法對他們只是一項抽象的真理。因此，對於廣大衆生，或一群活的人來說，苦痛與樂受才是他們最具體的體驗。那就是用相對的方法。善果即是樂果，惡果即是苦果，告訴他們這種苦樂的生活經驗。

道德的善惡，意味應該如此，或不應該如此，換句話說，道德的善惡，意味當為與不當為。這樣一來，善惡就變成抽象的存在，完全脫離苦樂經驗而獨立了。

不僅這樣，當為與不當為以命令形式，來猜想自在天或神等絕對者。意思是，神乃至自在天符合命令法則時，即是善，違反時就變成惡了。

但在佛教的業思想方面，不允許自己以外的絕對者（神）存在。因此，若依佛教的看法，自身的業，係由自己的意志造成的東西，既非由神的既定法則促成的，亦非由神的命令造成。自己造的業，一定要靠自己的雙手來收割它的果。即是自業自得，由此可見佛教業論的主體性。

倫理世界正是意味主體的人倫世界，而不是由神或絕對者的命令所決定的世界。倘若事實這樣，那麼，人倫世界就是靠人類自己一手造成，責任也必須由自己雙肩挑起來的世界，這叫做主體的業世界。

業的實踐哲學

在論理上，業是根據因果理法成立起來，同時，在另一方面，它在倫理上也以善、惡的行為方式呈現出來。不過，它卻留下些要素，不限在倫理的善惡行為裡。因為它被列入一種既非善，也非惡那種次元的行為與業的範圍裡。這叫做無記業。

何以會給它非善惡的無記評價呢？原因是，業不單以倫理的善惡判斷來分類。那是業的因果性原理。

若從因果理法這一點來看業時，那麼，只要使由因生果的條件充足就夠了，倒不一定要按照善惡的分類。照理說，它也含有一種不屬於任何一邊的果。只要按照因果理法就行了。因此，在善惡以外，尚有不在任何一邊的無記，這就是無記業了。

換句話說，成立無記業，意味業論的根底下，存在一種因果性的論理。

而且，業裡成立善與惡兩種業，也只是說業論即倫理的次元。

由此可見，業裡藏有因果性與倫理性。業論的結構，具有因果與倫理等雙重性格。

因此，業的實踐哲學不在因果性，而在倫理性上面。

其次，業的實踐哲學也在苦、樂這種具體經驗上談論，那是明確地表示它在仰賴善因樂果，惡因苦果這種業論了。

這樣一想，不妨歸納一個結論說，業的實踐論不論如何，存在逃避苦果，求得樂果。

「如果有人執著把自在天的化作，當做不變的絕對存在，那麼，他們既無這是該做，或不該做的意欲，也無精進心。或者不確實知道該做與不該做的事，如果失去正念，也不護持正念的話，他們就不能稱為沙門了。」（中阿含一三經・度經・大・一・四三五）

不論如何，業的因果性也不能否定，這是自然的道理。然而，業的倫理性，即善因樂果，惡因苦果，都是自己一手製造的東西。話雖如此，如果還執著要依賴第三者的自在天，也相信自在天的化作時，那麼，他們的一切行為，豈非都由他人來決定嗎？這樣一來，自己恐怕就不會主動地湧起想要實踐與精進的心意了。

不但相信第三者自在天的化作，而且只會執著由於前因才產生結果（因果理法），最後同樣會陷入宿命論裡，其間也表示主體的實踐意欲，也不能從宿命論的哲學裡跑起來。詳情如可從下文看出來。

「倘若有人執著以前所造的因，為絕對不變的存在，那麼，他們既無這是該做或不做的意欲，也無精進心，而且也不確實知道該做與不該做的事，如果失去正念，也護持

正念的話，也就不能稱他們為具法的沙門了。」（同上）

意指被囿於「以前的造因」（pubbe katam），等於被囿於因果理法了。如果被囿於因果性，那麼，因與果的關連是必然的，自然容不下主體性的人。只執著這種因果理法，那麼，業的另一面，即努力或精進等行為的主體就現不出來。在此要排除宿命論的想法。佛教的業論是一種排斥宿命論，自覺地邁向主體行為的一種思想。

「人要仰賴業、明、法、戒和最上的生活（命），才會變成清淨，而不是仰賴姓氏與財富。」（雜阿含二二・一八）

意指人性要清淨，不是決定於先天的出生，或外在的財富，首先，不是把一切因的必然性適用於倫理世界。人所以會變成清淨，係依他本人的行為（業），與明確的智慧等後天的修行，旨在強調業的倫理性。這是關於人類行為方面，竭力主張行為的自由。

自由與必然性

若從生理構造來探討人的問題時，我想人就是由六種器官組成的——眼、耳、鼻、舌、身、意。那些都是各自伴隨著見、聞、嗅、味、觸、思等作用的生理器官（indriya根）。

說來蠻有趣，希臘哲學也談到這種問題，例如，亞理士多德的心理論，也跟佛教一樣，把感覺的數量分為五種——視、聽、嗅、味和觸等。但是，亞理士多德把意志（意）依附在經驗知識裡，佛教那種主知的說明，屬於原始佛教以後的探討，今天的佛教不是主知的解釋，意也跟其他器官一樣被列入生理器官之類。

不論如何，人的存在實況，就是由以上六種器官（根）組成。但，這六種卻在我們自由的允許界限以外，由過去諸項條件與諸因，必然產生的結果。六種器官或人的存在實況，係依賴因果理法而存在，也是一種必然存在。這也是佛教所說的業。因為業把必然性（因果性）當做一項要因。佛教把這種業的必然性，叫做舊業（Purāṇaṃ Kammaṃ）。

「眼睛是被造作、思念、感受的舊業、耳鼻舌身意也跟這個一樣。」（中阿含經，四卷、一三二頁）

這種必然性把過去的因，與現在的果結合起來，再者，業尚有另外一面。繼續前文所說：

「現在，由身、口、意所造成的業，即是新業（navakammaṃ）。」（同上）

現在（etarahi），意欲實踐的業，大概係由身、口、意造成的。這個主體的行為，換句話說，惟有新業，才是善、惡等倫理判斷的對象。因此，撲滅由煩惱造成的身、口、意等三業，等於離脫煩惱。基於這個緣故，才必須解說實踐道。所謂八正道，即是這個。繼續前文所說：

「諸位比丘呵，那些東西可以撲滅業呢？諸位比丘呵，藉身、口、意等三業的消滅，觸及離脫（Vimutti），即是業的消滅。諸位比丘呵，到達業滅之路（Paṭipadā）是什麽？那就是八正道。即正見、正思、正語、正業、正命、正精進、正念、正定。」（同上一三二頁—一三三頁）

意指自覺的行為，即是藉著自由的新業，開始展開人類的倫理生活。這樣一來，業的實踐結構含有以下兩項因子。

㈠、認識所謂因果理法的必然性。

㈡、把關心苦樂當做動因那種人的意志，所造成的自由。

其中，第一項對行為者來說，無疑是絕對的——佛陀排斥無因論——佛陀的立法。立法不是靠神，而是取決於自然之理。第二項——人意志決定，由行為者本身所做。即是意志決定。

總之，業是必然的，同時屬於自由意志的決定。我們大致上可以說，業是把這兩項契機包攝於一的一種實踐論類型。

業的倫理解釋與古代社會

古代人也許以為自己的生存要靠諸神來立法。同時，不僅想到外界的立法者，也懷疑自己到底怎樣出現在這個世界上？怎樣迎向未來？死後前往怎樣的國家呢？不能單靠外界的知識就能滿足，只要自己活在這個世上，就必須給自己定位才對。

因此，古代人——不問埃及人或印度人——一直徬徨在人倫社會的善惡兩個範疇之間，到底自己應該皈依那一邊呢？除了隨身在善惡兩元的對立鬥爭之外，實際上，上列疑問也給他們帶來不安與惶恐。這是靈魂的去向問題。對靈魂不滅的願望，超過對外界知識的探求，而且強勁地控制著他們。

遠在佛教以前的古印度時代，就有善惡二元的對立鬥爭與靈魂不滅論等兩項要因，一直滲透到新起的佛教裡。

佛教的業論也成為古代人所願望的靈魂安息處。

為了答覆古代人對靈魂的疑問，業論就用勸善懲惡那種倫理觀當做一種說法，它不僅在現世，甚至說也能控制到來生。

例如說明輪迴思想，凡造惡業者會下地獄，造善業者會出生天國，連這種論點也被吸進佛教裡來。雖然，佛教本來不允許天國的存在，無如，佛教把它當做一種教化大衆的手段，大膽說出天國的存在，不久才慢慢進入涅槃的真髓裡。

那麼，佛教為何採用業論與輪迴思想呢？關於這一點，曾經出現不同的論點。有一種論點是，佛教利用了當時的業論與輪迴思想。在歐洲的學者裡，似乎看不見這種論調。

古代佛教不僅以印度原始社會的群衆為對象，原始宗教是對所有古代人探索靈魂的答覆。從這一點來說，其原始形態具有倫理特性，並非不可思議。而且，由於西歐人具有倫理的基督教教養，對於佛教的理解方面，也不會忽略它的倫理性。基於這項理由，可知西歐人很重視倫理性與輪迴思想，在佛教業論方面所產生那種勸善懲惡的要素。因此，他們才不採取這項觀點——佛教利用古代印度的輪迴思想。

反之，如果提到佛教，那麼，它就是重視與強調解脫、覺悟與超世間性，若從這項歷來的探討方法看來，佛教也許利用了古印度時代的輪迴思想與業論也說不定。

不過，這兩種論點，可由本人如何看待宗教性格的佛教那種見解來決定。把佛教看成古代人的宗教，以及當時佛陀與佛弟子的思想背景，若從這方面來看，那麼，我想西歐人的見解是屬於原來的東西。

為什麼呢？因為探討輪迴思想的否定，乃至常住不滅之「我」在業論方面的否定，直到佛陀以後的佛教教學裏才開始論議。

在佛陀時代，照樣採用古印度人的輪迴思想，與業的倫理觀點。但是，跟它並列為佛教的本質論（無常、苦、無我說）也就從此開展出來。

第四章　業與無限的生命

輪迴思想——

希望死後永遠活著，不僅印度人有這種想法，這也是人類的共同願望。表面上，它跟出生神國，或返回地水火風的思想不同，其實，終究是一樣。

然而，佛教的輪迴思想，並非主張人死後會佔據固定的地方不動，而會變成動物，或人——佛教所謂六趣輪迴——無止境地、不停地投胎轉世，具有其他宗教所沒有的獨特性。因此，輪迴思想被認為是印度思想裡最具特色的東西。佛教也誕生在這種古印度思想所孕育出來的相同的土壤上。

但在佛教以外的古印度思想裡，輪迴不是心的問題，而是包括實體存在的場所。這是站在佛教立場，針對古印度輪迴觀的一種批判。現在，若站在佛教的立場批判古代印度的輪迴思想時，情狀如下。

輪迴是人死後，以實際存在的方式，定居在何處，具備何種形態的投胎轉世。

佛教的批判是，死後輪迴的實際存在到底是什麼？是我？還是靈魂？這是站在佛教立場的批判。

然而，佛教對輪迴的解釋，係以下面的論理開展出來，最後朝向一個超越輪迴的世界。這就是所謂涅槃的世界——究極的精神寂靜（'Sānti）。

那麼，佛教如何改革輪迴思想了呢？

有人說，佛陀是一位作用論者（kiriyavāda）、業論者、（Kammavāda）、精進論者（Viriyavāda）（中阿含經Aṅguttara-Nikāya）。

歷來所說的業論也把行為方面的作用，當做基本原理。限定在佛教內的作用，就是宇宙根源力在古印度時代的分割。業是宇宙根源力的人類那種分割動作。在以活動為本質的根源力上面，存在人的行為。因此，行為也是一種作用，或促使精進的東西。

萬物並非不動的物體，而是活動不停的存在。萬物不是常住的物體，而是一種無常、活動與流轉。誠如希臘的黑拉庫利特斯所說，這跟萬物流轉的想法同出一轍。

人的生命也跟萬物一樣，永遠在流轉和活動。輪迴的原字Saṃ-sṛ，含有「活動」與「流動」的概念。所以，漢譯有「輪迴」、「流轉輪迴」等詞語。因為人類的生存被煩惱污染，所以，也意譯為「生死」。

人類的生死世界——若能按住它的中心——是無限的。這個中心指死時丟掉肉體那個魂。輪迴是無始無終，誰也不能掌握它的始源。倘若不能掌握始源，也就不能掌握結局。一位名叫納卡塞拿的比丘，有一次，回答希臘國王美南多洛斯，說道：

「大王呵，生在這兒的人，會死在這兒，死在這裡的人，會投生別處，生在那兒的人，會死在那兒，死在那兒的人，會投生到別處。大王呵，輪迴就像這種情形。」（彌

蘭陀經一〇八頁）

據說棕色顏料的樹，和種子會交互生滅。人的無限生命與棕色顏料樹的無限壽命，正可以說明輪迴的情況。

外道們說，人死後會出生到天界，但依佛教的觀點，卻說不能一直停在那裡。倘有怠慢也可能淪落到下界來。

輪迴論是無限生命的象徵。縱使人死後會變為動物或神，這也象徵地說明人的無限生命不停地活動，而不是靜止不動，這是佛教的解釋。

脫離生死的說法，不限於佛教，乃是印度各門哲學的目標。佛教不同於其他學派之處，是佛教把輪迴看成外在的呢？還是內在的呢？若把它看做外在的，那麼，它就是一種實質存在。這樣一來，克服之道，除了脫離實質，別無他途。

因此，修行的方法也是很實在，總之，這裡出現的是，肉體的苦行。這是外道的輪迴觀及其克服之道了。

相反地，佛教把輪迴當做無限生命的象徵，並且堅持這項哲學。佛教把輪迴論放在內在、心理、意識的深處加以探究。

佛教認為心是刹那的，最易動的東西，輪迴論也認為生命是活動的，用心的本質來探究活動，這種論點正可以表示始終如一的佛教合理性。

業與涅槃

業（行為）分成肉體與精神兩方面。透過身、口所表現的業，屬於肉體的業，叫做身業與口業。反之，用心（意）在心裡所做的精神之業，叫做意業。

但是，身、口、意等三業，係陪伴著意（心）而出現的東西，除掉意以外，只有身、口等肉體行為，不能叫做業。

業的本質所以被稱為思（cetanā），就是這個緣故。思與心、意、識屬於相同意義的不同字體，思是用來處理勞作這件事情的概念。思的原字（cetanā）是表示行為的動名詞。不論如何，倘若肉體的動作（身、口）不伴隨精神（思）的話，那麼，它充其量是一種運行而已，不能叫做業。

輪迴思想是一種外在性質，用業的呪縛來束縛人，以生命無限性的象徵方式，仰賴心才能探討出來。從外在呪縛下獲得解放那條途徑，要仰賴心才能使呪縛迴轉起來。如果以為肉體在輪迴，人就不能永生了。

原因是，肉體瞬息間會滅亡得無影無蹤。肉體在人死後會分解，物理性地變成水、火、風、空等五種要素，遠自古印度時代開始，佛教就接受了這種思想。

魂又是如何呢？魂會跟肉體一塊兒滅亡嗎？有人說肉體滅亡時，魂也照樣會滅亡，這一點始終找不到證據。換句話說，肉體的死與魂的消滅，為何一定要同時呢？

勿寧說，我們所意識的經驗，豈非一種肉體與魂，乃至心的分離嗎？例如，肉體的死亡跟物體的消滅一樣，會被分解成物理的元素。此事的確是這樣。但是，人類對於肉體的死會覺得哀傷或惶恐。一種意識作用，那只不過是肉塊的滅亡而已，為何世人會對它懷有悲嘆與恐怖呢？原因是，其間有一種認識肉體滅亡的心意存在。那裡存在肉體與心的分離情況。但是，期待生命無限的主體，不是肉體，而是自己的心。肉體根本無意永生。

期待生命的無限，只是心而已嗎？它不是無法實證的抽象存在嗎？也許有人會提出這項疑問。不過，只有不能如願以償時，才不會有願望。在可以如願以償的情況下才會有願望。願望存在時，其間已經有如願以償在裡面了。只有希望與被希望的東西能夠連成一氣時，人類才開始自覺到生命的無限。

誠如前述，肉體滅亡後，會分解成地、水、火、風、空等五項要素。但，這只表示肉體的分解罷了，嚴格地說，那不是一種消滅。理由是，它在自然科學裡已經得到證實了。只因形象沒有了，習慣上說是，肉體的滅亡。

由此可見，希望無限的生命，正表示人在能源方面的根本衝力。惟有這自覺與確信，才有涅槃。這種哲學與宗教的體驗，在原始佛教裡叫做現生涅槃。

業與無我論

輪迴世界靠業才能呈現出來。輪迴基於生命的無限，才有意義。若用佛教的話說，那是一種生死世界的無限性。

業應該有兩項要因，就是以業為主體（作者），以及由他所造的業。這個主體是輪迴的主體，也是「我」（ātman）。

另一方面，佛教是以無「我」存在的無我論為中心的思想。無我論與業論會產生問題，即兩者不會矛盾嗎？這項問題從早期以來，就被一群歐洲學者提出來了。

理由是，歐洲人以為「我」是行為主體，無我論否定它，等於失去倫理意味。同時，假定我為人的意識核心。反之，人因為有意識作用才會存在。他們以為有意識，才會有我存在。依他們的觀點說，連我們發現因果關係，或建造論理知識的體系等，也都是靠我來決定。否定這個我的無我論，無疑是否定業，或否定文化的議論。

業與無我論間的矛盾，不僅由這些學者提出來。我們甚至在反常生活裡，也發現一般人亦有同樣傾向的疑問。換句話說，那個疑問是，所謂死後輪迴，到底是那個已經消滅的肉體在輪迴？還是靈魂在輪迴呢？這項二十世紀的疑問，跟古代人在紀元前二世紀所提出的疑問完全一樣。

現在，不妨介紹當年出現的問答：

美南多洛斯王曾經問納卡塞拿比丘，說：「現在的身心（nāmarūpa），能夠出生到下輩子嗎？」比丘答道：「不會的，根據善與惡的業會出生為其他新的身心。」（彌蘭陀經六五頁）之後，比丘又說：「因為一定會轉生，所以，難逃惡業。」

意指現在的主體被否定（無我），但會由於業的作祟，而轉生為其他新主體。其間，還會引出一個很有趣的譬喻，來否定實體的我。

且說一位小女孩遇到一個漢子向她求婚，他給她一份聘金後離去。待這位女孩長得亭亭玉立時，又來一個漢子向她求婚，又把她帶走。先前那個漢子抗議說，她是我的妻子。但，後來求婚那個漢子說：「她不是你的妻子，你求過婚那個女人，乃是個小女孩，我現在娶來的是，成長的少女。她跟你當年追求的小女孩不一樣。」比丘問國王：「大王對他們兩人的爭論，應該怎樣處理呢？」國王答說：「先前那個漢子才是對的，那個女人只是同一個女孩長大起來罷了。」

意思是，如果把那個小女孩子的存在，看成常住不變的實際存在（我）時，那麼，長大的女孩跟先前的女孩，應該是不同的實際存在了。名義上是一個小女人，理應是別人。這樣顯然不合理。

因此，這位少女的存在，不是常住不變的實際存在（我）。因為不是實際存在（無我）

，所以，才會成長起來。相反地說，少女無我，才會成長起來。因為無我，反而成為少女。

他又舉燈火為譬喻。有人點燈燃燒通宵。「火焰的初夜、中夜和後夜會有什麼不同嗎？」比丘問國王。當然，火焰不是另外的，而是同一火焰。倘若最先燃燒掉的火焰屬於實際存在時，那麼，後夜的火焰等於另一種實際存在，兩者的火焰是不同存在了。

其實，那只是同一盞燈火在繼續而已。「存在（法）的相續在繼續。生與滅雖然有別，殊不知前後不一定在繼續，既不是相同，也非不同。以這種方式被收攝在最後的識裡。（即認識燈火繼續的方式。）」（同上四〇頁）

用燈火的繼續來說明無我的理念，這個譬喻也在後來的佛教發展上一直被採用。

由此可見，死後投生為下輩子的身心，不是現在的身心。靠著自己的業，而出生為新的身心。而且，那個身心也非常住不變的我。業有一種能使身心若存若無的作用。身心不過是今生與來生，常常藉著業在呈現消失的現象與形態罷了。

靈魂與無我論

關於靈魂（vedagū）的存在，希臘的米林達王與納卡塞拿比丘之間，有一段問答（彌蘭陀經五四～五七頁）。

靈魂的概念為巴利文，在米林達・帕哈僅出現兩處。在此以前，愈往古代追溯時，關於靈魂的說法，古人似乎認為靈魂住在肉體裡。這種說法甚至遺存在六千年前，埃及王朝時代的筆錄裡。不消說，靈魂在當時不能當做學問的對象，古人只不過把它當做簡單的信仰對象而已。

其實，不僅古人的信仰心情如此，甚至到二十世紀的今天，現代人照樣以為它存在人體內。

遠古時代一過，人類才開始思考靈魂是什麼？死後的靈魂會怎麼樣呢？古印度時代的諸多思想，到這個階段也重視這個問題，而且改換另一個說法，把它當做哲學概念的ātama來探究了。這種探究總算踏出了一步，開始以學問性質探討靈魂，它在原始宗教時代充其量是一種曖昧的信仰對象罷了。

不僅古印度時代這樣，而且，在西方也有這門學問的萌芽，總算有人認真探究靈魂這門學問了。不過，希臘哲學家的探究方法是，以思辯方式推理靈魂的本位，堪稱形而上學的心理概論。

有了這種思想史的背景，才會出現希臘國王——美南多洛斯的靈魂概念。因此，那位希臘人把靈魂當做形而上學那種心理作用的方式來探究。他曾經問納卡塞拿比丘說：

「尊者呵，所有內在的命（jiva）都是靠眼睛看到色（對象），靠耳朵聽到聲音，靠鼻孔聞到香氣，靠舌頭嚐到味道，靠身體接觸到東西，靠心意知道法。」（同上五四頁）

意思是，若要掌握讓眼、耳、鼻、舌、身、意等六種感覺器官（根）活動的對象，就得使見、聞、嗅、味、觸和知覺等起作用。凡能促使這種作用的東西，就是命也。

很明顯地，靈魂在原始宗教時代只是一種信仰對象，在希臘哲學裡被充當為形而上的心理靈，姑且不論那一種形式，反正他們的探討方法，經常都是肯定的設想問題與分析——靈魂是什麼呢？

相反地，佛教處理靈魂的方式是一種否定性，即靈魂不是什麼嗎？為了了解真相，不用肯定方式，而採用否定的論理形式，這是印度思想的特色。在此，也用傳統的否定論理，企圖證明靈魂不存在。納卡塞拿比丘說道：

「當眼門（乃至意門）被除去時，那個內在的命會出現在臉上，透過浩瀚的虛空，更能看到色（對象）（乃至法）嗎？」（同上五五頁）

用這種相反論調說明內在的命，不是離開眼等六個器官的實際存在。

那就是說，足以替代靈魂的東西是什麼？如果這樣問法，那麼，一切實際存在的東西也不實在。在此，假設問題「是什麼呢？」答案是：「見、聞等心理作用怎樣產生呢？」這不是實體問題，而是由現象的生成問題來頂替。納卡塞拿比丘結論於下：

「大王呵，眼與色因緣產生眼識；而受、想、思、觸、作意等也會一齊產生。像這樣，這些法是因緣產生，其間得不到靈魂（vedagū）。」（同上五六—五七頁）

關於耳、鼻、舌、身、意方面，也用同樣探討方式，敍述它們各因緣（paccaya）所生，裡面沒有如實的主體者——靈魂存在。

由此看來，我們是一種身心的統一體，依據佛教的論點，自身不過是諸業的結合體罷了。值得注意的是，在原始佛教時代，還沒有想到統一諸業的主體者存在，反而傾向那方面——用心的要素分解統一體方式的自己。原因是，它在批判那種始於佛教以前所流行的固定主體者。

然而，佛教的否定，並非否定諸種組合複合體的要素。凡被否定的東西，都是讓複合體固定起來的抽象概念。

那麼，佛教只歸諸於否定與分解方面嗎？依據他們的看法，複合體的生成可說靠緣起。那麼，緣起又是怎樣的原理呢？

業與緣起

目前，佛教以為人的存在，無異過去與現在諸業的複合體。但，這個複合體並非雜亂的要素，而是很有秩序的複合體。秩序即是緣起（pratityasamutpāda），緣起也是相依相對性。

若說業、輪迴沒有作者，那麼，也不會有主體，意指形成複合體的諸項要素（六根）也缺乏實質的存在性。為什麼呢？因為諸項要素採用相互依靠的關係。若有實質的獨立存在，也不會依存別人。由於依靠別人，才能保持自身的存在，這等於剝奪獨立的存在性。無我性的根據在緣起，這一點在下文說明最清楚不過了。

「比丘們呵，這個身體既非你們的東西，也不是別人的東西。比丘們呵，這一定要把它看做被造作，思念和感受的舊業。」（雜阿含經、一二・一三・大・二・八四ａｂ）

這個身體（我）是靠自然的理法造成的，不過是一種感覺對象的抽象假象罷了。身體是物質與精神的結合體，物質靠自然的理法，精神是靠念念相續的心，從過去經由現在出現的假象。因此，毫無疏忽相續原理，乃至自然理法的超越實體（我）。

無我的根據是什麼呢？這裡的回答是持續緣起說。

「此在時，彼才在，此生時，彼才生。此無時，彼才無，彼滅時，此才滅。」（同上）

這段文章是相依相對的關係性，只把抽象的原理性明朗化。但，這不是緣起說的全貌。原因是，抽象的原理性係概念地判斷事物的相互關係，而且只有推理而已，這也是一般法則，也適用於人類存在以外的諸項存在。但，佛教的緣起說，應是以人類行為合理化的方式，所說出來的理法。因此，像以上的文章，只有指摘事物相互的關係性，至於如何促進現在與未來人類行為可能性，恐怕仍然不夠。因此，上列的抽象原理，只探討到如何規制人類行為這個次元為止，必須具體化才行。現在，再繼續上面的文章，敍述於下。

「緣於無明才有行，緣於行才有識，（名色、六處、觸、受、愛、取、有、生和老死），只有這樣，才會有全苦蘊的集（原因）。但，把無明完全消滅，才有行滅。有行滅，才有識滅，乃至像這種情形，才有全苦蘊滅。」（同上）

從很早期以來，佛教對於認識人的主要目標，就不會放在認識自然這方面，所以相互依賴那種原理的普遍化，不放在自然的層面上，只考慮在人的上面特殊化。

當普遍的法則性（相依相對性）以人的問題——業——那種方式被特殊化時，也會出現有關業的精神現象那種心理觀察，這是理所當然的。業論的探討，表示內在經驗的重要性。以無明（對真理一無所知）為起源，以至老死這段過程，無異人類內部經驗的分析。這是把業的結構經驗性地解析出來看。

另外，值得注意的是，一貫的業不是受動性的，而是將它當做能動性的東西來處理。換句話說，業不單單是意識現象的方式，而是以心的作用方式提供重要課題。

以心的作用方式所展開的緣起，是由十二支（從無明到老死）組成的。誠如「緣於無明才有行」所說，行（業）那種方式的生存，即是無明（不懂四諦和緣起的道理），即根本原因是對真理一無所知。從無明開始展開身業、口業和意業等行為世界。行為不單是運動而已，而是一種伴隨意志的行為。

因此，行為縱使外在性消滅了，也會留存內在性而具有性格的力量。識（眼、耳、鼻、舌、身、意）因為靠這種業（行）才能出現。識由於能夠意識對象，才被稱為識，所以，識與對象是一種知與被知間的關係，我們能從這種關係裡，列舉色、聲、香、味、觸、法（六境）等對象。識與六境也可能改稱為主觀與客觀。這時候，主觀的識並非創造客觀的六境，而是以相互關係的方式來掌握識與六境的存在。

其次，眼乃至意等感覺器官（六根），即是感覺與知覺能力的呈現。如果六根、六境、六識可以成立時，就可以成就認識。這個階位叫做觸。認識的成立，不單單終於物理的結合，也從此踏進感情的世界。這叫做受（苦、樂、不苦不樂），愛（激情愛欲），取（執著）等階位。藉著這些，才呈現存在的一切現象。

在此所謂一切存在，當然指人的存在，具體地說，那是依靠善惡的業因，及其果報所經驗的現存狀況。現存是以執著（取）的餘力，進入其次的階位。這叫做生，但在經驗的現存狀況方面，若有新生活形態那種投胎轉世的話，也能採取其他生存形態的情況。這樣一來，一切苦惱就產生了。在此，一切苦惱是由老死的緣起支所引起做代表。

總之，人的存在是以無明為根源那種行（業）的世界（無明——行），靠著這個業而展開感情的知覺世界（受—取），不久，它會變成新生存的起因（生），從此出現苦惱的人生（老死）。因為那種起源於無明的業世界很苦惱，所以，才無意存在「我」那個主體者。倘若有「我」存在，那麽，照理說苦惱會依自在力量得以避免才對。

這項論理是原始佛教時代的人生觀，即是無常——苦——無我等一貫論理的推論。正因為無常，對於一直盼望常的人來說，無疑是苦惱。即「無常才苦」。而且，所謂苦，係因為避免苦的我不存在。所以，「苦才無我」很符合推論下去的論理。

苦的生成出自緣起，這項敍述必然等於有關無我的心理敍述。

就佛教來說，業不是靠他自在天或諸神所創造的東西，而是自己創造的，也要自己負責，屬於自業自得。

但在這種情況下，「自」即如自在天等，針對外在「他」的世俗說詞（vohāra）。「自」是存在論式，諸種要素的複合體，同樣地，「他」也一樣是複合體。僅就這方面說，「自」與「他」也必須採取不同事物的責任。因為人倫社會就像這樣地仰賴「自」與「他」的混合而維持秩序，所以，責任在倫理與世俗的次元裡也必須採取「自」與「他」的立場才行。

但在心理上，「自」與「他」也是一種經驗苦與樂的心之複合體。苦樂的生起在「自」方面，也等於在「他」方面，根本上都出自無明。它是超越「自」「他」的一項共同原理。苦樂即是緣起生。如果站在緣起論的立場上說，自、他、非自、非他等區別，並不存在。

「舍利弗呵，有些沙門和婆羅門是一群業論者，主張苦樂是自作的（sayaṃkāraṃ)

。又有些沙門和婆羅門屬於一群業論者，主張苦樂是他作的（aparaṃkāraṃ）。乃至主張苦樂是自他作的。乃至主張苦樂不是自他作的，而主張為偶然生的（adhiccasamuppannaṃ）。（中略）釋尊說，苦樂為緣已生（paṭiccasamuppannaṃ），緣起什麼呢？緣起於觸。」（中阿含經、二卷・三八頁）

行為者的實際存在，不能對象性地加以否定。相反地，只有依靠分解才有可能。佛教採用這種方法論。仰賴心理分析來否定我，也是緣起論。

行為的發生過程及其意義

用行為概念可以換言為佛教的業。但，所謂行為概念，在發生方面跟業不完全相同。緣起為業的發生過程，但有很多地方跟行為的發生不一樣。

所謂行為經過什麼過程呈現出來呢？關於這個問題，通常有許多種解析。現在，不妨舉出一件心理學的解析，跟緣起論比較看看。依據心理學的解析（霍布斯等人），一切表象的起源是感覺。外來的刺激會刺激感覺，藉此產生快樂與不快的感覺。這種快樂與不快樂的感覺，會跟表象結合成欲求，或嫌惡。從這種感覺的結合裡，會發生各種複雜的認識或意欲行為。引起快樂與否的感情根據，據說要看它能不能引導或增進肉體生活的維持來決定。

這種心理學的解釋不限於心理學，堪稱誰都能想像得到的一般論調。不論情況如何，這種解釋跟來自緣起論那種行為（業）的發生過程，有以下四點巨大的差異。

㈠、心理學的解釋始於感覺，終於行為。行為即是終局。反之，緣起論是以行為做起源，所展開的人間實態。行為雖然是開始，卻不是結局。行為的起源不在感覺，而是在知的次元。那是在無明的領域裡。無明既非生理的感覺，也不是心理的感情。那是依靠知的次元能夠掌握的自覺。若是生理的次元，那麼，行為發生後能夠列舉出來的識—名色—六處—觸—受—愛—取—有等八支會跟它相應嗎？

㈡、依照心理學的解釋，問題是現在的行為，但在緣起論方面的行為，乃屬於過去的行為。

㈢、行為是由感覺引起那種快樂與否的感情來決定，這是心理學的解說，但，緣起論的行為係由善惡來規定的東西。行為的動因不是感情，而是所謂善惡這種知的判斷作用。

㈣、由於外在刺激引起的感覺，以它為起源的心理學行為論，建立在一種預測內與外——客體與主體——的實體論上面。主體建立在仰賴客體，單方面刺激那種受動的立場。因此，主體不能轉動客體。

在緣起論方面，行為以無明為起源，無明不是建立在行為以外的實在。如果它是一種實在的起源，那麼，它會成為數論的想法。因為無明是最重要法（Paṭṭhānadhamma），所以，只放在起源的位置（āditva）（斯帝瑪卡，五七七頁）。

這般佛教的始源論，出自五世紀哲學家的解釋，這也許是正確的解釋。「緣於無明才有行」、「緣於無明消滅，才會有行滅」這樣說來，才能把無明轉變為明。無明並非不能轉變的外界存在。換句話說，緣起論方面的行為，係生成的東西，也是得以消滅的東西。照這樣說，緣起論方面的行為，是建立在宗教與實踐的關懷上面。

因此，佛教所採用的行為概念，就是業的內涵。它是具有以下三項條件的概念。㈠、在善惡的判斷之下，㈡、時間上連貫三世。㈢、知性，不論何時都能從無明，提升到明，又會從明墮落到無明，它含有這種可能性。

緣起論是以無明為基因的一種生死世界，憧憬這項認識與覺悟世界，也許有人以為這是很矛盾。實際上，它不會矛盾。原因是，生死世界那種無明，從無始以來，就一直靠業來決定，但，那是因為自己無明的緣故，自己要負起全責。擔負生死世界那種自覺，竟把自己的人生變成了無明世界。諸如這種自我省察，會引起一種讓無明轉為明的行為。這就是所謂中道的實踐。

無我與中道思想

所謂業的思想有兩方面：㈠、用善因樂果與苦因苦果這種倫理說法，給予人倫社會相應的道德秩序。同時，㈡、完成一項哲學使命——解釋人間存在的結構。人間存在認同身心統一體，如果分解來看，那只不過是一個從過去到未來連貫起來的現象罷了，不連續的靜止因素到處不存在。以我們的五官來說，表面上看，好像是靜止不連續的實體，殊不知它們也不過是連續中的運動罷了。

連續即是佛教術語相續（saṃtāna），人間存在就是這種相續。凡由人格、主體或行為者等，所顯示的自我同一性，都成為不連續的連續。以不連續方式，被五官所感受的我（ātman），實際上，就是存在連續方面的現象。

這是一種人間存在的結構，把連貫三時等無數的業當做要素。靠業存在，即是無我。因為無我，才有業的存在，因為有業，才會無我。

原始佛教所謂無我的意思，即是我的相對否定；而不是後世佛教擴大解釋那種絕對空的無我。如果把前者的無我，當做我的論理否定時，那麼，後者即大乘佛教所謂無我（空），似乎堪稱一項超越論理的體驗否定。絕對無我（空）似乎存在超越相對的地方。其所以可能如此，因為它只在體驗的世界裡而已。

但是，行為（業）的主體者既不存在，我也不存在，倘若終究無我的話，那麼，行為是什麼呢？又是誰的行為呢？

如果這樣追究下去，就一定要成立實體的自我才行。當已被否定的我反覆成立時，追究等於無窮盡的繼續，我的否定也恐怕會無窮盡地持續下去。這樣一來，能動的實踐論理永遠得不到結果，也會陷入不可知論裡。

因此，無我論的真意是，必須看看是否存在別處呢？

「喬達摩呵，他去享受嗎？波羅門呵，所謂他去享受，這是一個極端（anta）。喬達摩呵，他去享受嗎？波羅門呵，所謂他去享受，這也是一個極端。如來不用這兩個極端，而用中（majjha）來說法。由於無明，才有行乃至有老死。」（中阿含二卷・七五—七六頁）

誰造行為，誰就要負責結果的想法，也是一種觀點，別人造的，就由別人去承受，這也是一種想法。這兩個極端是相對說法，而不是一方面能夠斷定，於是出現相互依靠的論理，它排斥兩極的實體性。

所以叫做無我，乃意味存在的相依性與相對性。兩種存在的實際性，即存在本身等於無，只在兩者的關係性（相依性、緣起性）上面而已。

這項關係性叫做中（majjha）。「中」意味一種關係性。既非意味兩項存在的中間，也不意味不在任何一邊的正中央。它不是這種論理的中項之意，而是始於無明，以至老死，超越那個生死世界的前進路線。

「緣於無明才有行，乃至老死。這一切都是苦蘊的集（原因）。緣於無明消失的滅

，才會有行滅，乃至老死之滅。這一切全是苦蘊的滅。」（同上）

越過生死世界的前進方法，叫做「中路」（majjhimā paṭipadā）。具體地說，這是八種正確的道路（aṭṭhaṅgikamagga）。路（paṭipadā）分為四諦和八正道等諸條路線。路即是方法論的意思。其中一條路是八正道，叫做道（magga）。

現在，姑且站在言語學的立場上說，一般人習慣將路與道用在同一個地方，殊不知在原始佛教裡，前者的意思比後者更廣泛，在用法上，前者含蓋後者在內。原始佛教所謂「中路」，也包括八正道。但，大乘的中觀學派談到中道（madhyamā pratipad）時，那個「道」的原字是pratipad（paṭipadā路），而不是八聖道的mārga（magga）。因此，大乘的「中道」是madhyamā pratipad，而不說madhyamamārga。

不論如何，八正道指出超越生死的「中路」。八正道（正見、正思惟、正語、正業、正命、正精進、正念、正定）乃是正確的生活方式。正確（sammā）是怎麼回事呢？不消說，那是指「中路」，誠如前述，「中路」是否定兩極的實際性。再者，否定兩極的實體性，並非除去兩極的意思，而是認識兩極相互依靠的關係性，在關係性裡，兩極適得其所。如果除去兩極的話，關係性又會回歸到無了。這樣一來，就會陷入虛無論裡。

若要從虛無下救出生死的人生，那麼，應該怎樣做呢？首先，必須要認識各種充滿矛盾現象的關係性。若能認識關係性，那麼，各種現象也能各得其所。這樣，也能給予人生某種意義才對。

業與自然信仰

在佛教哲學方面，不但縱有各種發展階相，橫也有諸種學派的對立，在諸多脈動裡有一項共同傾向，那就是強烈地關懷現世。

依我看，最重要的，莫過於業論了。因此，業論裡有兩點很重要。

第一、佛教出現以前的古印度思想，對大自然表現強烈的關心之餘，也稱大自然為諸神，以為它們仰賴超自然原理而取得生命，係一種活動的存在。他們相信可以依靠某種超自然的秘法去接近諸神，也應該利用它們的力量。例如，結合佛教以前那些占星術、鍊金術、秘藥等諸類信仰，正是屬於這種情形。

第二、關心諸神在傾向人類存在與生活的人群裡，有人信仰某種意欲體驗心境開悟的狀況。這也可以說企圖發現新的人生。那麼，這就是佛教了。

首先，不妨從自然宗教的信仰開始，可以逐漸說明得更詳細些。

在西歐，宗教與哲學似乎判然有別，各有不同的領域。前者是指跟神之間的關係，後者是指跟真理之間的關係。以前，不應該有區別，奈因自然科學日漸發達，宗教與哲學也逐漸擁有自己的職務與活動領域，才似乎開始有了區別。

但在印度並沒有這種區別。所謂哲學與宗教，在它們的根源上也都以解脫（vimokṣa）為目的，不論在思惟與信仰方面，也渾然成為一種體系。現代的印度哲學與宗教也照樣傳承這種形態。如要追溯這種體系的原字，可能就是達魯夏納（dar'sana）。

梵文的達魯夏納，原字來自「看見」（dṛṣ），不單單是哲學思想，也含有這種思想的體驗與實感等意思。從這種達魯夏納的特性來說，印度思想有時極合理地呈現精密的機械組織，納入突然那種心理實感的敍述。有時以為它是神秘體驗的敍述，或缺乏合理的分析知識等難以接近的幾層結構。

它雖然是一種自然信仰，卻非只像萬物有靈論那種土俗信仰，而是依據哲學原理的信仰。它是呈現在印度思想上面的諸神信仰。諸神不是人格神，它具有諸種原理象徵的哲學意味。例如，普拉夫瑪神意指創造，茜瓦神表示破壞，威休奴神代表一種保持原理的象徵。

給予宇宙某種秩序的一股力量（'sakti），具有諸神的形態，或備妥自然形態降到現世上，這是一種權化思想。權化的原字是阿瓦達拉（avatāra），它意味著從上面落下（avatāra）的情狀。他們相信一股宇宙的根源力（'sakti），由於接觸這些，才得利用它的力量。從此衍生的占星術、錬金術和出生天堂的思想才逐漸發達起來。

另一方面，有人說某種精神的飛躍企圖結合同一股宇宙的根源力，從此可到梵我一如的體驗。達魯夏納所說的哲學式的宗教概念，即是從上述兩項要素而來。

第二、有一種哲學宗教聚集全力去開發人類內在的魂（覺悟），佛教屬於這一種。

如衆所周知，佛陀一開始就排斥占星術和呪術等。而且，佛陀也否定人死後的靈魂存在。

那麽，佛陀果然不會利用當時如占星術，或出生天堂的思想等類的自然信仰嗎？這裡有些資料堅決否認這種事實。

換句話說，佛陀在世時代把弟子們分成兩類。像佛陀弟子那群出家比丘，和在家信徒——相信傳統的印度思想，乃至大自然的信仰者。佛陀說法一直把這兩種人放在心上。依我看，這也許是現代面談諮詢的起源，佛教稱為隨機逗教法。

現在，不妨舉出一例說明人死後出生天界的思想，自然可以明白真相。這是六方禮經。其中談到天道（saggassa magga）那種六法修行的結果，在現世會享有名望，來世會出生天界。在原始經典（阿含經）裡，出現極多此類升天思想。話雖如此，不管佛說在人的精神領域裡多麽收斂，也主張出生諸天——信仰自然會常常用到諸天。

換句話說，在現世得到初禪的人，死後會出生到梵身天，得到第二禪的人，會出生到光音天，得到第三禪的人，會出生到遍淨天，得到第四禪的人，會出生到廣果天（中阿含經・四三・大・一・七〇〇・雜阿含經・三一・大・二・二一九），這些都是針對在家衆的說法，他們是在古印度傳統自然信仰下培育出來的群衆。

另一方面，佛陀卻向自己的門下弟子，說明佛教本來的哲學。這是以否定精神來貫徹自然信仰。

「切斷人的束縛，超越天的束縛，凡是脫離一切束縛的人，我叫他婆羅門。」（法句經・四一七偈）

意思說，怎樣脫離神的束縛？神一向被看成神聖的存在。不但否定神本身，也同時否定彼岸與此岸。

「既無彼岸，非彼岸，彼岸非彼岸，也無煩惱，那些不受繫縛的人，我稱他婆羅門。」（同上三八五偈）

從法句經起，時代逐漸向前進，就變成老偈，明白記載如何否定神的存在，與佛教原理的原本立場了。

「現在既無再生，也無天身（deva-kāya）的諸網（jalini）。切斷生輪迴（jati-saṃsāra），早已沒有再生（punabbhava）了。」（長老偈・九〇八偈）

根據註釋上說，諸網就是諸天身，天身是天的聚體（devasamūha）。

像這樣，否定神式存在與神話世界，才是佛教的本來面目，不過，這也只是針對出家人說的本質論。

由此可見，現代佛教顯然承受古代印度信仰大自然的影響，可知古代印度的路線，跟佛教的本質路線重疊起來。

這種事實表示佛教生長在古代印度思想對峙的環境下，也保持印度達魯夏納（darṣana）的一種形態。因此，佛教不但有哲學的原理論，同時，也必須具備具體的實證性。

佛教的業思想也呈現在上述達魯夏納（哲學宗教）的傳統上面。因為佛教的業把人的生死世界開示出來讓人看。然而，達魯夏納的結構如此，業的世界又變成兩層了。

業的世界在佛教本來的哲學原理方面，係從無明呈現出來的生死現世。話雖如此，它也可以用神話與宗教要素的方式說明。這就是把業的世界分成過去、現在和未來的方式。無明、行是過去，從識到有的期間屬於現在，把生與老死放在死後的未來等解釋。依靠這種三世兩重的因果來解釋業的世界——若以教義性的方式說——乃是佛陀滅後，一群佛弟子的解釋，也是跟當時信仰大自然，或單純神話的彼岸信仰結合體。

佛教跟其他宗教一樣，不是單靠哲學信念開展出來的東西，而是結合訴諸五官的實證性而開展出來，這一點值得注意。連結哲學與實證，才能達到佛教的目的。

業與死後的存在問題

自從人類的原始時代到現在，那種盼望死後仍能存在的心願，可以說依然不變。關於這項願望，遠從遙遠的古代起到目前，既無任何退步，但也沒有什麼進步。

關於靈魂的永生，有三種方式存在。

第一、靠信仰的情形，例如原始民族。

第二、企圖靠哲學來實證它。例如古往今來的哲學家。

第三、靠科學實驗而來的心靈科學。

依靠信仰或哲學而來的信念，若無法讓別人知曉，也就不能產生反應。只能泡在缺乏客觀性又看不見那種世界的實在感受裡而已。因此為了要取信於現代知識份子，就採用所謂科學方法，企圖證實靈的存在，這一類心靈科學乃以形形色色的方式出現了。這種方法果然符合科學標準嗎？也有相當疑問，而且，所謂心靈科學能把靈魂顯現出來，這種近乎魔術方式也無法讓知識份子接受。因此，心靈科學逐漸轉向另一種研究領域——超越意識的領域。好像超心理學或精神分析學等，正以嶄新的領域方式普遍展開了。這樣一來，那就不屬於心靈科學所期待的靈魂了，而是進入下意識的研究範圍。

最後會形成一種結果，即是靈的實在性要像原始民族那樣依靠信仰嗎？或者像哲學家用理性的思考來推論呢？到底要靠那一種方法呢？在這種結局下，不難發現心靈的研究，到目前為止，仍然陷入古代與現代之間，看不出有什麽進步。整個情況彷彿韓國或日本到處可見，不得不依賴巫女或巫師等靈媒的情況。

以上三種形態，即是信仰、哲學和心靈科學方面兩項共同的前提。其中，第一項是把靈魂看成實體的形態。第二項是，個別地看待生與死，以生理與物理的觀點予以分別。從娘胎出來叫做生，肉體從視界消失的情形叫做死。

如果把佛教的業論與輪迴轉生論，也用這種路線來探究的話，至少不是批判古代印度思想的佛教。

再者，把盼望靈魂永生及其實證的工作，讓宗教來揹負，不知是怎樣的結果呢，倘若這種負荷也算是宗教必須揹負的義務，那麽，佛教就不是宗教了。我們只好說佛教不是一門宗教，而是一門哲學。

佛教的生死觀

常識上，一般人把生死解作生理的與物理的誕生與消滅，而且，就是這種意思。通常，大家在謀生過程裡感受都很實在，這種實際感受不容人否定。因為肯定與否定屬於對象的論理世界，實際感受係主體的感情世界，所以，把論理世界移居在感情世界裡，這種處理方式真是愚蠢極了。

用物理性探究生死是不容否定的。因為歡悅與悲嘆的感情世界會從此湧出來。佛陀也不曾否定它。據悉當年佛陀四門出遊的動機，也來自生、老、病、死（實際上只有老、病、死等三種）。讓佛陀決心出家的現象，就是老人、病人和死人等呈現在眼前的映像。所謂生、老、病、死等物理現象，在佛陀廿九歲那年，刺激了佛陀豐富的感情。

但是，佛陀受到感情的刺激；竟去相信一種超越生、老、病、死的靈魂存在嗎？而且，他果然想去證明靈魂的實際存在嗎？答案是否定的。

佛陀追求到的東西，乃是沒有生、老、病、死的世界。倘若上述三種立場（自然宗教、哲學和科學的心靈學）把生、老、病、死等存在世界當做前提時，那麽，佛陀的立場乃是沒有那些東西存在的世界。如果針對以上三種立場，那麽，這種立場不妨稱為第四種立場。

對佛陀來說，真正擺在眼前的問題，不是關於死後的存在問題，而是要迫切轉變那個次元。換句話說，意欲追求生也不煩惱，死也無煩惱的生命，也就是一個問題——能否活在超越生死的情狀下嗎？這叫做超脫業與輪迴（生死）的境界——涅槃（nirvāṇa），此字是沒有煩惱的意思。

這種究竟的境界，由於各個學派與宗派不同，稱呼也隨之不同。其中包括不少術語化的情狀，例如涅槃、生死即涅槃、不生不滅、甘露（不滅）、空等。

其間，早已否定靈魂的存在了，例如不追溯幾千年前那種埃及的靈魂信仰（巴比）。如果根據這項信仰，據說「巴比」就會依著想像變成神，黃金的鷹或美麗的睡蓮了。佛教的業論，並沒有像這樣奇異而優美的神話。

若越過業（生死）的世界即是涅槃的話，也許有些知識份子會疑心，不如一開始就沒有業的世界才好。實際上，古代也有知識份子抱持這種想法。結果，他們毅然去焚火自殺了。原因是，他們誤解心的不安，即把「熄滅」煩惱——涅槃的真義，誤會為熄滅肉身。這種情形叫做灰身滅智。現代知識份子如果被囿於物理式的生與死時，就會演出像古代人那種愚笨的舉動。

像這樣地，有人也許會說究竟的境界，不能成為五官的對象，不能取信於人。然而，說這些話的現代知識份子，不是對超越五官那些UFO或太空人等精神感應現象也極有興趣嗎？不論在任何時代，超越五官那個領域不是一直對人類有相當誘惑嗎？佛教既不肯定這種誘惑，但也不否定它。

佛教問過：「怎樣活下去？」他既不曾燃火自焚，也沒有逃到洞穴裡去。相反地：據說佛陀曾經喊道：「唯我獨尊」。這不是肯定生存的象徵，又是什麼呢？

佛教說的究竟境位（生死即涅槃——大乘佛教的用語），並非除去業的輪迴世界，而是為了超越它，才提出被超越的東西。為了超越，就得有被超越的東西。如果沒有被超越的東西存在，也就等於沒有超越這回事。

這是大乘佛教所展開的論理，但，它的起源卻在原始佛教裡。那就是把「斷絕生死輪迴，早已不再生」（長老偈　九〇八偈）這種內心境界，論理式地展開說明而已。

現代知識份子也許懷疑——超越這種生死的心境，並非五官的對象，其實等於零——。

如果用數學的觀點說，這群知識份子無異只把整數看成數目，而不把數目的基礎——零當做數目看。

佛教分析業的輪迴世界，旨在超越生死界限，對他們來說，乃是必須提出的重要因素。業輪迴的世界，等於了解印度的自然宗教，換句話說，意欲用三世觀來說明，又想在哲學方面當做梵我一如（宇宙的靈力與我一致），甚至想用做倫理輪迴的解釋素材，若站在佛教原來的立場上說，以上任何一種都不妨。

對佛教來說，本質上的情形是，業輪迴的世界要以被超越的素材方式定位下來。若不這樣，就沒有超越可言，這一點如同上述的情形。

由此可見，佛教的永生可以說，只有確信自己對這一輩子的永生，而決不是說死後靈魂的存續。

第五章　業與人倫世界

印度思想與佛教的業論

因為佛陀時代的原始佛教，出現在印度傳統思想與民俗宗教雜處並居的時代，所以，在佛說裡，對它的批判或攝取等立場，既很雜亂，又同時存在。尤其，佛教以宗教的方式，必須要以大衆為對象，從此以後，說法愈來愈帶有多樣性，當然也到了多彩多姿的極限程度。

尤其，形成業與輪迴思想時期，在印度適逢伏波尼沙時代，幾乎出現某種程度的類型，比以前更具有存在的事實了。而且，這不是一群學者設想出來的思想，而是遠比學者的思惟以前，若用民族間傳承與培育的觀點說，它更具有民族的實感。

佛教是一種嶄新的誕生，但它一定要借用這些傳統的諸項概念來修改。反映在那群學匠（婆羅門）的眼裡，乃是一種異端，看在芸芸大衆的眼中也是一種奇異的東西。

從這兩種態度裡產生的失調性，一直在印度佛教的宗教史上，讓佛教的開展遭到重重困難。那群學匠們的高談闊論，大體上接受了部份跟佛教不太違背的論點，相反地，例如後來由夏卡拉哲學發展解消下被攝取進來。結果，佛教被看做印度教的一個派系而已，而不以為佛教還有當年面對傳統思潮那股自我的主張。

透過學匠們呈現的包攝態度尚無傷大雅，惟獨大衆對於佛教的失調感卻更加根深蒂固。現代的印度百姓很容易接受梵書主義，活用在日常生活裡，無如，佛教的教義與情懷，簡直談不上對他們的生活有什麼影響。

雖然，其間有幾種原因，但最大的原因，莫過於一種宿命觀，即很少透過佛教對民俗信仰有什麼探究。

那麼，佛教的業論體系何故有意義呢？關於這一點，有兩件事值得注意。

第一，依我看，歷來世人對於人類生存的想法，一則以為出自神的決定，也就是宿命論的人生過程，二則好像心靈科學的靈魂不滅，不外以上兩者中的一種。這種曖昧的想法，甚至連佛教的業論也遭人誤解，使人用宿命論的觀點來理解它。原因是，只掌握到業的實感。那就未免跟原始民族太沒有隔離的掌握方法。那是由於分析和顯現業的真意之業論所使然。相反地，業思想不單是一種實感而已，而是擁有追蹤實感的體系。在佛教以外的宗教及思想方面，並沒有一種宗教與哲學擁有像佛教那樣精密的業論體系。

第二、因為在個人與客體那種人倫世界的相關裡，沒有像業論那樣明確的分析體系。有關人與社會關係方面，也有心理學、社會學與環境學等學問。不過，這一類學問只掌握到有關人類分析的一部份，而不是以整體方式來探討人類。殊不知我們不能忘記一點，就是分析人類的同時，也要綜合人類。這樣，業論體系才有綜合掌握人類的意義存在，也能以這種姿態出現。

對應世間的業

佛教從一開始，就不曾以科學的自然界為對象，反而只把人類世界當做對象。在印度，這是很重要的事情。因為佛陀時代以解脫為目的，不是一般人間世界，當然，而是以個人為對象。

佛陀入滅後，一群佛弟子開始整理佛語，也加以註釋和補述。在這些註釋裡，難免放入個人的思想和當時的社會現象。從那個時代（佛滅後五〇年左右）起，即是佛教哲學時代的開始，一直迎向紀元五世紀左右的全盛期。透過這段漫長的歷史流動所顯示的事實是，個人的宗教不僅針對著個人，還進一步認識到其他人，以至探究到個人與個人的相關世界。個人與個人來往的世界，叫做有情世間，即科學的自然界，跟器世間有所區別。換句話說，佛入滅後的歷史變遷，可以說顯示從個人到世間（人類社會）的一種開展業論的軌跡。

行為的分析

通常一提到行為，就以為是善惡等倫理判斷的對象。如果不是這樣，即使那是一種運動，但也談不上是行為。為什麼呢？因為運動只不過是一種沒有意志的物理與生理活動罷了。

佛教對行為的理解，也有過極類似的情狀。那就是，佛教有時也把行為叫做業；然而，行為即業，必須得跟意志同時生起，這是一項基本條件。成了善惡的判斷對象，如果是一種單純的物理與生理活動的話，那就不能叫做業了。

然而，物理的對象，並不伴隨任何意志，基於這個理由，雖然不是一種業，卻變成倫理的判斷對象。若用倫理的次元來說，那叫做無記。無記指不記載任何善或惡的東西。那麼，也許有人懷疑說，這豈非跟單純的物理活動一樣嗎？其實不然。因為活動不會伴隨意志。雖然說是一種無記，它卻伴隨著意志。僅就這一點來說，它還是屬於行為，而不能說是單純的活動。如果是單純的活動——佛教既非心理學，也不是生理學——佛教行為論之類的業論，屬於問題以外，甚至根本不能提出來討論了。

在佛教裡，所謂，倫理判斷者，不僅善惡而已，而且包括善、惡和無記等三項範疇。為何把無記放在人的行為裡呢？理由如同上述，但是，人類的行為是宇宙根源力量的部份給予，也具有部份超越人類任意帶來的善與惡等價值判斷。

業是一種因果關係呢？還是註定命運的東西呢？不能只像這樣地當做常識性及觀念性來思考，相反地，一定要把它放在跟對應的人倫世界的關係上面來探討。人倫世界也不是對個人表示突如其來，而是依靠芸芸衆生的存在表現出來，抱持這種觀察和反省，才是業論社會學的意義。結果，這也是一條宗教途徑——找出世人未來正確的生活方式，或生存之道。

個人對業的自覺，會變成個人在人倫社會的自覺，而再擴大外延。這就是從佛陀在世時代的佛教開始，轉到佛陀滅後（從原始佛教到阿毘達摩佛教）那段歷史開展的理念了。

行為與業的概念

業的原意是「造作」（Kr），也能改稱為加拉拿（行為）這個原字。加拉拿的原意也是「行」（Car）。兩者都含有「動」概念。歷來所選的字都跟它很類似，都具有行為的概念。然而，若把它當做一般概念時，也不能網羅佛教所謂業的概念。

通常談到行為時，會有許多觀點，也從此發現不少差異。不過，諸類觀點裡也含有共同之處，那就是這項概念有別於對外界刺激所引起的衝動。自己的活動表示跟人的整個機能有關，因此，人類自身的活動可以說必須要負責任。這跟由於外在刺激所引起的衝動不同，行為是仰賴思惟而受到影響。總之，行為是限於意志自由在現象存在時的一種現象形態，或被思惟的東西，它含有目的的機能。只要想到此，就會明白行為不單是一種思惟的存在，也可能是表現機能與行為之際的一種存在。

佛教裡的業也關係人的全部機能。這項機能可以劃分成身、意、語三業。若以機能的方式說，身、語、意等三業，不外是身、語（口）、意等三種根（indviya）。其中，佛教是一種宗教，目標是要把惡心轉到善心，乃至要把煩惱轉向涅槃。若要如願完成，就要靠自己的心。在身、口、意裡，意被看成最重要的一種，所以，佛教重視意業。

在古代，重視人的意業，無疑是一件劃時代的見解。古代人重視眼睛看得到的身體動作，和耳朵聽得到的口業。不過，由於人類世界逐漸進步。才把注意力放在一種超越五官的次元（心），而比較不願訴諸於五官。與其重視物質性的東西，勿寧說，比較優先期待精神方面的成就。在任何文化的發展史上，都能看得見這種脈動。

從現代法院的諸種裁判例子看來，也發現他們與其重視所謂犯罪行為的五官對象的物理性運動，不如說更重視造成那種行為的意志。行為是不是有計劃呢？是否有意犯行呢？這些才是審判與最終裁定的因素。甚至連裁判都不會單靠外表的動作來判決，為了決定行動的罪刑，一定要考量犯人的意志狀況。

何況，佛教是站在宗教的立場上，心上早有一把轉動生死與涅槃間的鑰匙，雖然不限於佛教，但，其他大宗教卻都不放在身業與語業上面，重要的是，將它放在心上，把這看成外界知識的累積，還是產生呢？總而言之，不放在身業與語業之上。不消說，佛教放在這種宗教路線上。

業裡雖說重視意業，但，行為不單是思惟作用的存在，同樣地，業也不單止於意業（心的活動）而已。

業是思惟，同時也一定包括透過思惟所具象化的東西（思及思之所作）。思惟的具象化，即是身體與口語等機能。在此，應該注意的是，佛教談到身體與口語時，並非指離開機能物質性的身體與口語，反而指出身體是擁有接觸機能的身體，口語是透過擁有機能的口所說出來的話，可見物質性的東西，並非離開機能的存在，應該明白物質與機能係渾然一體的東西。因此，這裡也要指出身業和口業，係由思惟（意）所造作的存在（Kṛtam所作）。

業的機能

造業的機能，可以分為身、口、意等三種，那麼，它的本質在那裡呢？這項問題也顯示佛教獨特的哲學。

佛教業論提到身體的時候，不單指物理性的肉體。佛教上的問題意識，不限於實在論的追究，也包括現實相的探討。

若有人問起業的本質（bhāva）是什麼？它的本質不是意味造業或使業成就，而是指業出現的狀態。在佛教術語裡，本質也能叫做「體」，它意味「存在」著。不是指抽象的某物存在，而是意味現在作用的現實狀態會存在。那麼，業的現實狀態是身、語、意。如果說到脫離業作用的身、語、意時，不過是物質性的肉體，言語和心理學的意識，這既不是意志的業，也不是整個人性。

因此，業的本質不是離開身、口、意等現實狀態，而是站在身、口、意上面起作用。雖然，常常有人這麼說，其實，以業的本質來思考並不正確。所謂思考（cetanā）的心理活動，乃是意業的本質，而不是整個三業的本質，這就是原因所在。整個三業的本質，不能收斂在一項裡。因為身、語、意等三業，才能顯現業的本質。若僅指意業的本質，大概屬於思考。至於身體與語業的本質，也許是依靠思考而活動的某物（Kṛtam）。

然而，不論三者中的那一項，都不能說是整個業的本質。這樣一來，業的本質不外是身、語、意等三業的全部存在。意是以思考方式起作用，而身與語是靠思考起作用的東西，只有意，不能成立業的本質。

由此可見，業是作用時的東西，也是作用本身。在此已經否定造業者，或持有作用的實際種子的實在論看法了。何況，更沒有讓下面兩種觀念論插足的餘地，即過去所下的種子，一直膨脹到現在，成長結成業果呢？還是跟過去那顆種子一樣，繼續保存到現世為止呢？過去縱使有過種子，它也不過是每一刹那都在生滅那個種子而已。業的本質好像這個每一刹那都起生滅作用的東西。正因為這樣，才要以整個身、語、意三者取名為業，凡是離開三業，就不算是業的本質了。

若要規定業的本質，實在很困難。但很重要的是，必須要從以前開始決定才行。

不管任何業，不單是一種運動，為了要成為倫理判斷的對象那種業，首先恐怕要仰賴思惟作用。思惟止於思惟的情況才是業，若要外在地讓別人知道，恐怕要透過身體或語言了。那是身業與語業的形成過程。

身體就是思惟（思cetanā）為了實現它的作用而形成的根據地（āśraya）。說話是思惟據實表現的東西，它本身即是活動，以自性（svabhāva）方式說話。因為它是說話方式的業作用，才叫做語業。最後的意志即是思惟，也是思惟的活動，所以，那是一種思惟方式的業，故叫它意業。

那麼，仰賴這三樣所活動出來的業，如何組成所謂人倫的世界呢？有人說：「世別由業所生」為佛教的社會觀，但，這裡要注意的是，所謂社會卻不限於現在。

佛教的世界觀，建立在不同往常的時間觀念上面。通常區分時間是，設定一種過去、現在和未來的過程。這種時間區的根底是，時間流動的連續性。時間被認為是一項客觀性的東西。

但是，佛教的時間雖然採用過去、現在與未來的區分方式，它的根底卻被掌握在超越時間那種無時間方面。所謂無時間就是把時間當做作用方式看待。

存在現實的東西，只是現實。不過，當現實跟其他現實做比較時，才會發覺它們的不同。例如，現實上遇到一位久不見面的朋友，那麼，雙方都會發覺以前年輕時代的現象，跟現在年老的情況有所不同了。由此可知年齡狀態。依賴兩種現實的比較，才會意識其間的變化。從變化意識裡，才會產生像幾十年未曾會面的時間理念。

直視現實會產生變化的意識，從變化意識裡產生時間觀念，詳情已如上述。由此看來，時間即是變化的意味，變化即是作用。

作用方式的時間，早已經不是觀念，亦非範疇的抽象實況。現實狀態或臨時事件，即是時間。這樣一來，佛教的時間，會存在超越時間次元那個地方。不是在時間的延長線上有無限性，而是時間本身的空無化。在這種意義下，即是無時間，佛教上所謂真正的永遠，倒不是說用時間次元所能考量的無限性，不外是忽視時間次元的無時間性。

現在，所謂「世別由業所生」，當業想根據三時的時間區分來說明時，這種業正是在無時間上面才能掌握。原因是，業是一種作用。作用的無時間性，不過是用過去、現在和未來等一般概念才能說而已。因為業是無時性，故在過去裡已經潛伏著現在，現在裡已經隱藏著未來。在過去的業因裡，已經潛伏有現在的果，現在的果是過去業因三果，同時，這個果會轉為未來的因，它處在這種方式的位置上。

這項論理要用單純的實例才能說明。情形正是如此。

阿毘達摩佛教與大乘

在現世裡，不難看見諸種差別的社會相或人間形象。例如一個大好人，竟會很不幸，或者一個大壞蛋，生活反而很幸福，乍見下，好像其間沒有必然的因果現象。

這種現象從原始時代到今天，實際情狀一直沒有變。關於這個現象，不妨以紀元五世紀那些論作古籍做基礎，看看他們的理由分析。在此，採用的主要典故是衆賢的順正理論八十卷。原因是，佛經典籍雖然很多，無如，尚找不到其他辯論作品，像本論這樣以精密論理組成業論，而又具有現代意味。而且，本論根據佛陀時代原始佛教的教說，將它以最忠實的方式加以體系化，尤有進者，還把不偏袒一定學派的各種論式公平地開展出來。

在教學上，衆賢代表所謂說一切有部這一學派，在結論上，貫徹本派的主張，其間產生的諸類問題與思考，不限於單一學派。因此，從本論裡也能連接到小乘諸派，以及大乘佛教的觀點。

所謂大乘，顧名思義，即是「巨大的乘坐物」，在學問上說，在所謂哲學諸概念、論理、人間環境的具體性等方面，極其有限。本來，大乘就是以脫離概念分析那種宗教體驗方式而來的。

相反地，在學問方面，小乘佛教被稱為阿毘達摩佛教，意指「優越的哲學」，佛教哲學全都發端於此。沒有這項體系，大乘的研究就無法進行了。大乘佛教發展的原理視座從此才能得到。這樣一來，若以基督教的立場說，順正理論相當於神學大全，若以哲學觀點說，它可以說相當於形而上學。

不過，由於歷來散見的業論幾乎都缺少本論的背景，所以，其業論就止於公式性的（大乘）闕說，或在主觀與感情方面，通常只能以情感方式被處理而已。因此，所謂順正理論，

一般比較新奇，也最有體系的是探討古籍。（以下引語出自順正理論・卷三三・大・二九・五二九a—五二九c）

現世的業因業果

現世裡，大家平常體驗的實況是，社會與人物諸種現象多彩多姿。自古以來，大家無不問起這種多樣為何產生呢？在宗教，哲學與社會學等學問領域裡，都會觸及這個問題。

雖然經過這些手續，其間也看不出客觀與科學性的原理。

就原理的立場上說，雖然不能本著客觀性表現在其他方面。其實，誰都會主觀地相信，那是科學上有一套因—果的理法，在人倫社會方面，有善因樂果與惡因苦果的原理存在。

每天出現的希望，努力與成功，全都依靠善因樂果的原理來引導。不論喜不喜歡這種原理，也不論科學的證據如何，它都潛藏在人的意識裡。勿寧說，這種心情簡直深入腦部的組織裡。

這項原理也不僅讓個人的倫理生活有秩序，而且成為社會最根源性的秩序。縱使有人否定它，不斷為非作歹，虛勢性地作惡多端，然而，藉亂來產生的虛勢滿足感，不外是一種虛勢的行為結果。

姑且假定現世所做的行為——正如立即顯像照相機所拍攝的照片一樣——立刻會產生結

果。的確，大致上有這種情況存在。幾乎在同時或經過若干歲月，在其中任何一個時間裡，都可能出現行為的結果。

「農夫們由於勤勞正業，埋頭幹活，才會得到理想的結果，許多愚夫由於為非作盜等業，便會招致被殺捕等結果。」（順正理論　三三卷）

農夫在田裡埋頭作業。由於他們勤勞工作，相信會得到可喜的收穫，這樣勞作才有價值。相反地，強盜由於偷竊的惡劣行爲，立刻或經過若干時日，也會得到被逮捕的苦果，而且，一定會這樣，他們本人與社會都相信不疑。

這是基於努力或偸竊等原因，才會招致的結果，每天的社會倫理也僅依照這項原理而給予秩序。但從佛教的業論來說，這種社會的證明只不過一點兒業論的部份實情而已。這種情形我們叫做現在。若依我們的時間次元來說，我們只能用現在的次元來考量。然而，僅限於現在次元那種想法，只能說是初步的人生觀，這一點應該要明白。

這樣一來，不論美夢或理想也都止於狹窄的人生觀，因為沒有出現任何東西足以給人生存的勇氣。生存的勇氣會擴大時間概念，從現在追溯過去，又會展開幻想的翅膀從現在飛向未來，人豈非要靠這種方式才活得下去嗎？

即使限於現世，而且在現實生活裡也能目睹以下的情況。表面看來，不明白什麼原因，好像苦樂的結果早已經被決定。其實，在這種情形下，他沒有理由否定因果的連鎖性。只不過完全不明白原因罷了。好像看過的已知例子一樣，凡事都先有業因，不能否定為何產生苦樂結果的因果關係。

這兩種例子是在現在這段時間次元裡一項明顯的因果關係，讓人起信的要因，在於時間長短。由於業因產生以後，才容易使人相信時間經過的短促，跟其業果顯現之間的必然關係。

佛教強調的是，如何存在也不是偶然地生滅作用。在時間與空間的次元裡沒有偶然現象。因為任何存在現象一定具有必然性。

因此，在現在這個次元裡發生的情形，正因為有前後經過的差別，不是偶然的，而是具有必然的連鎖。

過去與現在

人類生活上面的活動，不是只看現在所呈現的東西。雖然出現現在這個次元裡，卻要回憶過去、期待未來。對於生活行動來說，回憶與期待會產生安定的現在。過去屬於回憶，未來可說是一種期待。現在的時限除了統括回憶與期待以外，也同時是一種放射兩者的發光體。反過來說，現在的時限是不缺回憶與期待的存在。如果以為現在能夠存在，那麼，這段現在不過是抽象的時刻罷了（Uhr），早已經不是佛教所謂正在作用的時間（Zeit）。

誠如上述，業因業果的必然性，在現在這段時限裡，應該也能成立在過去與現在之間。

此時，必須要重新考慮過去與現在的區別根據。以生存確定現在，以肉體死亡確定好像過去的門口那種物質的生死觀，當然不應該否定，但在其他動物界裡也能看到這種現象，殊不知人間有一種永恆象徵的精神文化。換句話說，在精神文化的作用上面，無所謂過去、現在與未來的時間區分。因此，它是永恆的。這樣看來，現在時限所實現的因果理法，也在過去與現在上面照樣合理才對。

凝視現世時，誠如上述，從業因裡不會立刻把業果呈現出來，而且，也不是善為樂果，惡為苦果這種同質關連呈現而已。在現實裡，造惡反而得到樂果的情狀，屢見不鮮。這時候，因果關係果然是同質的嗎？它的異質情況要怎樣說明才好呢？

「環視世間，有人好像作惡多端，還在感受內心的歡悅。這是以前的善業結果。或者是現在的加行生（習慣性地好惡）。或者因為這樣，才會得到別人的敬養等，我們應該知道。它也會產生現在與過去的因。」

業因會產生業果的原理，不是一因一果的關係，而是多因多果的關係，這一點已在業論本質那一章討論過了。多因多果是，為了解說過去業因與現在業果那種多樣性的相應原理。縱使過去積了善業，也夾雜著其他惡業，以致也會妨礙業果的產生。由於這個緣故，業果也會變成苦果。

意思是，產生果的時候，業以外的諸因（諸種條件），會變成它生起的直接原因，諸項條件之一的業因，會有助於果的生起，也只是引發它生起的力量而已。那就是說，業是以助緣方式引發結果的產生。

我們常說業會生果，以為只有業才是引發結果的絕對力量，這不是理解業的正確方式。因為靠神來創造世界，乃是借用神的絕對力量，所以，這項創造說有一項大前提——允許神的絕對權力。然而，佛教在此也貫徹跟解脫論一樣的論理，人人皆有佛性，賦予衆生一種個別性。同樣地，不論現在或果因方面，也都讓它們各自擁有個別性，諸因是每一因本身，都是絕對的。這樣一來，業只是因的一個絕對，也等於它自己。

現在與未來

現在是把過去與未來暗藏在自身裡面。過去業因之果，現在仍然持續著。倘若這樣，那麽，過去惡業之因與現在的業果，也許會產生苦，又因為存在業以外的條件（諸因），反而會出現樂果方式也說不定。這一點也在前面提到了。

那麽，儘管有過去的惡業之因，反而得到現在的樂果——這是人間常見的事——他們的行為將來會怎樣呢？在此，我們不妨用兩重結構來表示，詳情如下：

「進行獵獸等諸種惡行時，由於不正思，即生歡悅，妄自慶慰，所謂作樂，即是造業時，而不是受果的地位。有業都得承受。現在雖然快樂，但也會感得未來苦惱的異熟果（業果）。」

過去造下妄殺動物的惡業，現在自己多少感受喜悅。此時，感受歡悅雖然屬於業果——由於業因業果的理念而來——基於看法各異，所以，它不一定會變成業果。我們知道，改變方向而置身在未來的時候，喜歡殺害那種業，照樣會對未來形成一種業因。由此可見，由殺害引起的歡悅，決非過去的業果，不但不是那種情形，反而可能變成業因在未來招致巨大的苦惱。一想到它會變成將來的業因時，自然不能快樂地享受殺害的成果了。現在殺害的歡悅，一定會遭到未來的否定。因為未來被包括在現在之中。

針對過去來說，現在的位置無異承受過去的結果，這個果也同時是未來之因。從因轉變果那套論理，由於果即是因的緣故，才會引發未來的新果。對過去而言，現在即是現在，對於未來而言，它會變成過去。

因此，如果被囿於因為殺生所帶來微小的歡樂時，那麼，這種惡劣的微小歡樂，很可能會變成未來大苦大難的原因。

俗語說：「切勿耽於小樂，而招致大苦難。」

一想到將來，就一定會把現在的果看成因了。這種立場的轉變，換句話說，現在是包括過去與未來的認識，它會照樣成為倫理生活與行動論理的基礎，讓我們採取某種不會招致大苦大難的行為。

世間存在差別的理由

我們看見世間有各種差別存在。為了要將它的理由合理化，不僅展開業因業果的道理解說而已，還要更進一步探究解說底下那項倫理目標——怎樣創造未來？因此，我們不妨分析以下的經驗。

環顧人間，有些人好善樂施，結果，不但不富裕，反而貧困。這種實例在現代人間——尤其在宗教界屢見不鮮。相反地，那些富貴人既不肯布施或服務社會，反而非常吝嗇。為什麼這樣呢？

不妨這樣解釋——那些富貴人在過去擁有良田，也曾經有過短暫的布施，現世才得到一次財富。這是根據善因樂果的原理——。

然而，所謂布施，他捨棄實物的心情，那就是，應該從斷絕我執的宗教願望下實踐才對，僅就這種修行來說，他是不夠充分的。結果，他常常在若干我執的束縛下做布施了。業因就這樣成熟，在現世就很吝嗇起來。總之，他在這種情況下造了兩重業因。一種是造了布施的善因。第二種是還沒有捨棄我執的成份。

那麼，窮人的情況如何呢？他在過去只有些不良的田地。結果，現世才會貧困。然而，他卻實踐了某種超越我執的布施行。結果，他在今世也知曉布施的樂趣。這種布施的快樂會變成某種能讓人來世富樂的善業之因。

這樣，雖然出現貧富兩種差別，但若探究它們的理由時，就可以發現它們根據兩件事由。「所以，緣由有情先世（過去）的業力，以及現在的士用（努力），才會產生兩種（貧富）世間的差別結果。」

業論不是過去，卻能以現在為中心來考量。根據一般人的了解，一談到業時，好像馬上把重點放在過去。誠如上述，過去是為了建立現在的一種推斷，即使連過去的業，也是靠現在的業，才能使它化為無力。現在是一面揹負過去的業，一面超越前進，創造新業之因的場合。雖然一面忍受過去業因帶來的業果，卻也一面轉為新的業因，才能期待未來的樂果。現在正是這種回轉的倫理場所。

一面承受過去世那項業力必然限制，也一面仰賴現在的努力，才能開拓一條超越這項限制的新路。

三世佛教的意義

過去、未來、現在等三時，在佛教稱為三世。時（Kāla）的替代叫做世（adhvan），它含有不尋常的意味。如果談到「時」，那是指一定的時點。用時鐘計算好像幾點鐘的情況。這樣會有漫長的感覺，卻有一定的延長，這種想法不會立刻湧起一種實際感受。但若談到

「世」（adhvan）時，不但指一定的時點，還有含糊之感，在延長方面有一種能夠掌握的時間實感。

例如，我們談到過去「時」的時候，實際上是從幾時起到幾時為止才算過去呢？明確地指示不出來。如果以下午為中心，那麼，上午已經是過去時刻，何況，昨天或一兩年前，那更是遙遠的過去時期了。如果說：「去年時」，無疑會變成「去年的何時呢」，回答必須有明確的時間才行，例如幾月幾日等。這種意味的時間才叫做時（kāla）即是流動那種方式的時間。

如果說到「去年」的話，當然包括去年的三六五天了。嚴格說來，三六五天卻時刻在運行，在去年這項總括名稱上，含有某種延長性質的表象。在這種情狀下，去年的稱呼，就叫做「世」（adhvan）了。

倘若叫做過去、現在和未來三世，似乎也指出過去世的業（宿業）等項了。而且說到「法」（dharma）時，也指出是過去法、現在法和未來法等。但，此時所說的法，即意味突然發生的事件。若用這項觀點談論三世，那麼，就是指過去法、現世法和未來法了。

但在業論裡，很重要的是現在，那就是明白表示現世。現世的結構也含有時間流動這一面。過去的連續、眼前正在經驗的階段。同時，它也含有另一面，即對於未來的期待。這樣一來，現在本身含有過去與未來的階段。這種哲學結構成了倫理與生活行動的業的基礎。換句話說，洞察現在的行為裡，也包括過去與未來在內，疏忽現在，思索過去與未來，則無法促進倫理的行為。倘若妄自忘記現在，耽於過去的回想，或胡亂忘卻現在，而一直幻想未來，這樣只會妨礙新行為的產生。只有給予實踐行為（業）相當的勇氣，才能透視現在及現在所發生的事情，充分地分析與洞察現實。

過去是已經消失的往事，再也不復返，未來是尚未到來的情形，並非現實。因此，包括過去與未來的統一體的現在洞察，才是真正實踐之道。

「切勿回味過去，幻想將來。過去是已經被丟棄的，而未來是還沒到來的。適當地洞察現在法（Paccuyppannaṃ dhammaṃ），既不要搖幌，也不要移動。有智慧的人（Vidvā）要好好修習（manubrūhaye）。今天應當熱心地做自己該做的事（kiccam）。誰也不知道明天會死。」（雜阿含三卷‧一八七頁）

這句佛陀的話，出現在古老的原始佛經裡，不討論過去與未來，應該好好掌握現在，不要空想明天，今天若有該做的事情，把它做完就好了。表面上看，好像在否定過去與未來，其實，係把過去、未來跟業的關係做詳盡分析，這是佛滅後的阿毘達摩佛教哲學。他們依靠分析，找出佛陀所說「現在」這種兩重結構，而給予「現在」以某項意義。原始佛經上的佛陀實踐論，依靠一群阿毘達摩佛教哲學家的努力，才建立一套論理體系。

第六章　業的展開

生活行動與業

業的原意指「作」，從此變成業，業與行為不是完全一樣。佛教裡成立身、語、意等三業，其中，意業是用意所想到的事情，而沒有外面化時的活動。這樣一來，內面的情況不呈現於外，恐怕不能跟「行為」的概念等價齊觀了。

因此，業與行為的內容不能看成相同的東西時，那麼，如何區分身、語、意等三業間的差異呢？當業用做以上三種方式時，那得用什麼意思來表達業才好呢？

換句話說，生活行為的業要怎樣，以及用什麼結構展開才好呢？

身體的發現——身業

人類是生活的主體，到底是什麼條件引發人的行動呢？首先，恐怕會回答意志。但是，意志有時也受到外界或環境的刺激所引起。例如，肚子飢餓需要食物，有一股想要獲得食物的意志。內在方面如果產生憎惡心時，就用語言來表示感情了，反正依靠外在的刺激時就會有這樣變化，若依靠意志，人類會在行動發現方面給予某種動機。

行動發現要透過身體、語言與意思才能傳給別人。若不傳達給別人，自然不能引起行動了。

身體的發現叫做身表（Kāyika-Vijñapti）。身體是肉體，表是「讓人能夠知道」（Vij-ña-āp）的意思。連意志乃至欲求都要讓別人能夠明白。否則，那只不過是一種身體活動，單純的衝動罷了，而不能成為一種業。

身業方面還有其他特色。那就是引發行動之後，雖然眼睛不可能看得見，它卻被保存在心中。那是不可見的存在，也不能向別人表示。它好像採取行動後留下的餘味。雖然，它是不可見的存在，卻也能說是擁有某種存在的一個形象。

因為它不可能向別人表示，所以，屬於無表示的東西，它被叫做無表色（avijañptirūp-a），因為它也被看做一種業，所以屬於無表業。

由此可見，意志的身體發現是：除了能使人知道意志的存在（表業），也是留在心裡的某種形象（色）。

語言的發現——語業

意志也是透過語言，才能把意志讓人明白。因此，它跟身表業一樣，叫做語表業（vāc-ika-prajñapti）。語裡除了有表業的活動，還有跟身體的行動一樣，之後會留下剩餘的不可見存在。那就是無表。語言也跟身業一樣，有一種無表的活動（無表業）。

當然，這裡所謂語言（Vāc），乃屬於人類的言語，它的原字是Vāc，則含有兩種意義

——人類語言與動物語言。這裡所說的語言用在廣義方面，若從心理學的觀點說，其他動物也有語言的機能。

那麼，人類與其他動物的語言有何不同意義呢？根據心理學家畢拉（K. Bühler）的看法，他舉出一項很有趣味的分析。為了要讓大家正確地知道業的語言內容，不妨把他的分析介紹於下。

畢拉的分析是：包括人類與動物意味的言語有三項機能。即感情——不是佛教所說的意志（cetanā），為了能使人明白它的「表出」企圖傳達意志的「稱呼」，以及顯示對象內容的「表現」等三項機能。根據這項論點，凡能被當做人類言語的特色，就等於「表現」了。

但若精細地思量這種「表現」時，即使表現不一定依靠語言，只靠舉止或手勢也未嘗不可。因此，所謂人類的語言，不單靠舉止指示對象，或知道對象性質——例如猴子知道食物——。因為掌握不到，例如抽象性地知道一般食物，像在一般食物裡，眼前有蔬菜或肉等，知道食物的特殊性後才表現為食物。總之，在食物的一般性下，才知道食物的特殊性（名稱、品質、產地與顏色等）。換句話說，人類的語言是一種表現「概念」的機能。把眼前所謂某種食物的經驗加以一般化、抽象化和概念化機能，無疑是人類的語言了。

凡有這種機能的東西即是語言，所以，這種語言不是單一性的特殊聲或音。因為它是把諸項特殊一般化起來的概念。正因有這種意志語言，才能把記憶或思考的活動提升為高度性的產物。

若止於聲與音那種單一性的東西，那麼，發聲之後，就不會有任何東西留下來。然而，如果提升高度的記憶，恐怕不會瞬息間就消滅。可能到後來仍然保存剩餘的活動。因此，在人類的語言方面，不僅是讓對方知道的表業而已，還有不可見，而且一直保留到後來的機能。這項機能叫做無表。

可見語業也跟身業一樣，尙有表業與無表業，這是佛敎的說法。我們必須指出這是很合理的分析。只要看到以上的一般論述，與佛敎概念和規定所表示的內容，可知情況如下。那就是，只有人類才有那種特色語言的本質已如上述，只有一語不能構成語言。

「好像沒有東西應該一語獨自宣唱，也沒有能獨自產生耳識之理。」（順正理論・三三・大・廿九・五三三a）

語言不像動物可以分類爲恐怖、痛苦、警訝、攻擊和威嚇等衝動。可能依賴這些衝動來溝通想法，就不能說是語言。即使對於特殊對象有些直觀，卻沒有將特殊加以一般化與概念化的機能。它也沒有論理。好像有人說語言是理體，僅靠單語的話，就「好像沒有東西（理體）可以單獨宣唱」了。

因此，語言稱為業（語業）時，卻非一語，必須聚集許多語（緣），才可能表現理體

（logos）。

「從集緣稱生成為語業。」（同上）

再者，語業不但是在心裡秘密地自言自語，還必須擔負一種機能——向外讓人知道。這應該屬於表（vijñapti）。因為語言必須要表示，「離開語聲，不許另外有一物可為語表。」（同上），語言即是語表。

業的規制——無表業

業如其字意，係指「作、造」而言。積極行之謂。不過，所謂積極的行動，也非不伴隨反省的行動。

行動本身陪伴著規制。例如造惡業的情況，可以做一番分析。首先，大概會湧起一種想造惡業的欲求。這個欲求會形成誘因來引發惡業，此時，在惡業的積極行動（表業）裡，會有某種消極的機能在活動。

這項機能是惡業的相反，它在壓制善良心意的力量——企圖造善業。人類有作惡的心，也有為善之心。兩者形成表裡一體。湧起惡業心時，另外一種心——想作善業的心卻被壓制著。由於克制善心，惡心才開始採取行動。

只要是人的行動，就是一種意識性，此時，惡心與善心鬥爭不停，從此湧起意識或無意識。只要善心遭受壓制，就算惡心的勝利。這樣才會形成惡業。

惡業即是壓抑善業。這是以惡業方式，讓那個尚未呈現於表面的機能，在防止善業的生起。只要我們稍微反省一下自己的生活經驗，應該可以了解這項心理內容。這是用：「不善的無表，即止息善業」來表現。

善業的情況跟這個相反。湧起善心，制壓惡心，企圖不讓它起來。這是善業的無表活動。惡心遭受善心的壓制，才不能呈現於表面。結果才能為善業。所謂：「善的無表，即是止息惡業。」

不論身體的行動或靠言語引起的行動，都存在這種行動裡，而且擁有某種可能產生行動的其他機能。若依佛敎的術語說，無表業無疑是妨善（惡業生起時）妨惡（善業生起時）的機能。

在日常的經驗裡，無表業機能常常出現在人類的心裡。例如造下惡業後，湧起後悔的念頭時，那是暫時被壓制那顆善心（善的無表）的覺醒，它會擾亂惡心。反之，做了善業以後，所以會心安理得，大概是壓制惡心後的滿足感。

由此可見，無表業的潛在力機能，也會給人類的行動帶來後悔與安穩。

後悔與安穩的情緒，會出現在人類的生存過程裡。因此，讓這種情緒湧起的機能也會出現在人類的生存過程裡，而不是出現在死後。因此，無表業的機能只限於現在，不是持續到死後。

很明顯地，有人常常規制生存到死後，或使輪迴轉生變成可能的活動探討都是一種誤解。

意志的發現——意業

最後，意業即是意（manas）方面的業。因為意的原意是「思惟」（man），所以屬於意識內的事情。因為是意識內的事情，才不能把它跟身業與語業一樣看成外在行動。誠如前述，通常大家以為業即是行為，這種想法不適當。

上述佛陀很重視意業，南傳佛教的經典上有一段記述，佛陀當年曾用同一譬喻說明身業、語業和意業。

依照譬喻的內容說，一位母親用語業斥責孩子，你如要上山，會被雌牛跑出來吃掉。她說，雌牛呵，快把孩子吃掉吧。之後，她用身業恐嚇孩子。

乍見之下，母親的身、語兩業正是一種惡業，譬喻裡問道：它果然是一種惡業嗎？母親的行動不會構成惡業。為什麼呢？因為母親的心意是，不想讓孩子上山，完全出自愛護孩子的心。換句話說，母親的意業是一項良善的意業。如果心意好，外在的身和語等兩業，不算是一種惡業。

這項例子成了教育上的問題，到底允許不允許愛鞭存在呢？有人主張用佛教的解釋來回答。

身體以及語言的發現，具有傳達意志的具體形象。身語兩業，可說把具體的四大種（地、水、火、風）當做生因，由四大種因素引起的意思是，不單單止於內心裡，也是一種向外界具象性地發現行動。

當這兩業引發時，被它誘發的機能是無表（無表業）。

意業——在心的發現方面，不存在這種物理的具象性。心本身不依存於任何東西。它不依照於身體和語言。那是它本身生起的東西。而且，活動不停的心，會持續在活動。因此，意業不需要無表業的機能。沒有跟心另外活動的作用（不相稱），全是心本身的活動而已。心只跟自已相稱而已。

其次，因為意業是心裡的動，所以，人無法從外界測知心裡。不論心裡在思惟（man）什麼，倘若壓抑身體動作，與語言的發現，別人也無法知曉。心中的事無法讓別人明白。甚至連表情也透過身體，它並不存在心裡。因此，有人說意業沒有表業（讓人知道的活動）。所謂意業既非表業，也非無表業的思想，具有倫理性的重要意義。

例如，心裡有了歹意。那屬於不艮的意業，倘若它伴隨無表業的話，在不艮的意業之後，即使起了善艮的意業，照理說，不艮的無表業被保存著，所以，很不容易把惡心改變為善心才對。

相反的情況也一樣，湧起了善心，由於善的無表還在持續，縱使起了歹意，惡心會變成沒有責任。一旦起了善心時，之後即使起了惡心，不僅惡而已，也會造了善業。這樣一來，等於善亦非善，惡也非惡的情狀。

假定內心不穩定的話，由心意透過外面所表現的行動（身體與語言的行動），也是一種善惡不定的行動，恐怕倫理社會會被破壞了。

雖然一向使用無表業這個習慣語，很明顯地，無表業本身早已不是積極呈現於外的東西。這是身體的業，乃至語言的業湧起後，才開始伴隨的機能，所以，才稱無表為業——嚴格說來，並不相稱。因此，它不像身、語兩業那種意思的業，僅就這一點看來，它堪稱一項非業或非作。儘管這樣，它還膽敢說為業，原因是：「以身、語兩業為因的方式，不過是表示伴隨的意味罷了。」（順正理論・三五・大・廿九・五四四a）。因此，「無表業的稱呼，也一直依照世俗的稱呼。」（同上五四四a）不論那一種，反正無表業就好像心（意）一樣，不存在瞬息也不停的心理狀態下。它表示在善惡方面得以將它逆轉的心理極限狀況。

心是經常會轉變的。雖然說是一種善心，我們也不能懶得理它，以為它絕對可以信賴。因此，我們必須要勤於修行來保持善心。另一方面，它雖然是一種惡心或歹意，那也非宿命性質，照樣能夠改變心意，轉變為善心。這裡的確暗示某種宗教的實踐意義。

第七章　業因與業果的論證

業因、業果論證的意義

那麼，業因會怎樣生出業果呢？這個問題當然要解說淸楚。所謂因果關係的必然論證也。

因會生出果，這是因果關係或業因業果，如此解說未免太過教條化，在悟性追究上不能令人滿意。這項哲學觀點在佛教方面也很必要。就某個程度上，即不超越宗教界限的程度上，佛教也必須面對這項哲學及普遍的問題。

這種問題意識由於回答內容不同，除了在外會使佛教在思想史上的地位產生自覺以外，同時在內能夠變成一種方法，得以明確掌握佛教思想的發展史（從原始佛教到大乘佛教的發展史）。

若僅把佛教放在業的問題上面思考，業一向就是有關內外兩面的經驗事實（人的實存）。其次也有業論的意義——如實地知道，並讓世人了解這項經驗事實。

分析經驗事實之際，通常會考量以下四種方法論能不能採用呢？

㈠意欲概念性地掌握經驗的事實。例如，哲學或數學等屬於這一類。

㈡好像經驗科學或經驗心理學一樣，意欲對象性地探討經驗事實。

㈢仰賴統計學的記述類推法。

也。

㈣它屬於經驗的科學，但靠論證知道現在的經驗，以整理未來的架構，所謂論證科學是考慮到佛教的業論，是否透過最後論證科學的方法，而後迫近超經驗性的事實嗎？超經驗性事實（覺悟）是不可能論證的。為什麼呢？因為超經驗的世界是最主觀性的宗教經驗。如果認為得到論證，那就已經不算是宗教經驗了。

情狀彷佛靈魂不滅論靈魂的存在，只有對相信它的人才算實在。靈媒（medium）只是對那些持有特殊感覺者才有可能存在。情況好像有關幸福之類的主體經驗。所謂幸福，只有對那些自己覺得幸福的人才會存在。那些既無宗教經驗，也缺乏特殊感覺的世人，既無資格肯定它，亦無權利否定它。

上述的業論是一種近乎經驗的科學——想要靠論證來分析經驗。現在有關業因業果的必然論證方面，我想能夠採用這項方法論。奈因業論不是哲學，所以，什麼東西會把因與果結合起來，不追究像這種第三者存在的問題。話雖如此，但因與果怎樣結合呢？

它只想敘述這一類因果連鎖的經驗。這一點即使類似經驗的科學，卻非完全相同，它意欲傾向若干差異的途徑。因為經驗的科學與佛教的目的不同，在方法論方面基於相同的出發點，卻在逐漸改變方向前進，這是不難明白的。

關於因果關係的必然性，可見佛教有兩大思想在流動著。

第一種思想是，在因與果的兩者之間，不建立第三者的要因來結合因與果。這種想法是，靠業因的增上力自然能夠現出結果，站在佛教的立場上說，那是佛教實在論的思潮，以說一切有部為代表。

第二種思想是，想要用第三者的要因來結合業因與業果。這種想法是，透過種子等措施來解說明白，那是以佛教實踐論的瑜伽唯識學派等為代表。

無表業

佛陀出家的動機，出自人類對於老、病、死等經驗的反省，同樣地，佛教雖然後來被當做一種哲學分析與探討，殊不知它也始於日常生活方面的經驗事實。縱使後代的哲學分析極端精密，卻在追尋某種思想方向——從描畫突起曲線那般哲學分析，回歸到經驗與綜合的觀察。

在業的問題方面，以經驗事實呈現的是，世間的差別，或人生不平等之類的具體現象。這些現象的發生，就常識上來考量，多能看出它們的因果關係。但在時間上對它的理解，也僅限於現世而已。縱使犯罪的原因存在過去世，眼界不會追溯到那裡，也不會處罰早已去世的人。即使犯罪，也只能探討現世的次元，或者現世犯罪，也僅限於有關的過去世。

調查罪犯之際，有時也會調查家庭，這是調查犯人過去的歷史。然而，這也只是當做倫理問題的性質來參考，而不能成為罪狀的決定要因。何況，脫離眼界的家庭，不露出表面，似乎不能構成裁決的對象。

總之，在日常經驗裡，事件發生的原因與結果之類的因果律，對於活的人來說才有意義，因果律終究限於現世。

但若只限於現世，難免會陷人結果論裡，而得不到將來何去何從的指針。尤其，刑事審判在判決時，除了判定罪狀，通常也會加以訓戒一番。訓戒不論如何也是那套老生常談的倫理觀，而不是何以必須如此的必然式論理。由此可見，僅限於現世的事實判斷，就以穩重的態度來說，實在相當脆弱。

不論物理與生理方面；人體都擁有過去世。即使一個小細胞，也不是只著眼現世的突然變異，我們能夠追溯到祖先或人類的始源。此事在今天也不會有人懷疑。尤其，在始源的細胞也非無機物，恐怕有遠過無機化那種活動。活動跟物質分別屬於不同系列。不動的物質會造作活動的精神，這套唯物理論是不合理的，無疑等於論理的飛躍。

現代人對於人類的物質細胞，雖然承認有過去、現在與未來等三世，但不認同其活動精神，其所以如此，實在有失公平。主張物質與精神的三世共存這套哲學，正是佛教的業論。

人類的存在，不限於眼前的現世，他們擁有歷史的重量，也有未來的希望。因此，現世的人類行動（業），乃係以整體方式才能掌握的人像，即不僅有過去世的歷史，也對未來世有一份期待。

因此，現世的行動原因追溯到過去，無異把歷史的重量附加在自己身上。業因業果的推理是很正確的。如果同樣的推理有可能的話，現在的業會變成因，之後生出未來的果，這樣推理也實在有可能。

這樣一來，現在的業顯然不是這樣就算結束。好像過去的業因會生出現在的業果一樣，現在的業終了以後，也會生出以它為因的未來業果。即使如此，為了要讓它變成可能，待業結束後，會有一項要追究的問題，那就是只留下猶如餘勢或力量那樣生出下次的果嗎？

在這種期待上面，終於出現無表業（無表色）思想。

但是，無表業是在現世的身，語業結束後正在活動的力量，所以，它不會脫離現在的身和語業而存在。因此，它不是一種到未來還會留存的東西。

再者，無表業是一種制禦力。當善業起來時，會制止惡業，當惡業起來時，善業會被它制伏：以這種方式跟身、語業形成表裡一體的活動。因此，它不是重新造出的新業，或使以前的善、惡業原原本本持續下來的東西。這樣一來，依靠無表業並沒有解決業因與業果的必然性。勿寧說，無表業實在僅有一種角色——表示它變成表業，呈現於表面那種身體與言語等動作的強度而已。

以前，日本有人討論過這項問題，那無表業含有造作新業的力量，而且是否持續到未來呢?但依我看來，這是來自某種方法論的誤解——根據大乘唯識派的種子說，想要觀察說一切有部的正統教學。

若從正統的衆賢體系看來，把無表業看成造業的因，或解說它會持續到未來，未免不妥當。

「諸無表不把業當做因，也非造業之因。」(順正理論・三五・大・二九・五四四a)

意指無表業不是造業的因，所以，以業為因的情形說得很清楚。

那麼，為何要說到業呢?以業為因的意思是，比喻為業來說明無表業。因為世尊也曾把「非作」說為業。

「只以業為因，故亦叫業。世尊說把非作叫做業。」(同上五四四a)

因為在世親的俱舍論裡缺少這項重要部份，難道又會從世親的立場裡產生誤解嗎?

由此可見，無表只看做跟身、語兩業俱起之物，而不把它看為製造新業果的因。

那麼，從業因生出業果的過程又怎樣說明呢?不妨聽聽這方面的解說。

且說有一個人燒毀村莊。他先放火燃燒草屋一個角落，不料，火勢終於波及全村，以至把全村燒成灰燼了。於是，大家把他抓來詢問。他說自己所燒的只不過是草屋的一部份而已，根本無意燒毀整個村子，企圖脫罪。

由此看來，他最初的業因不過是一間草屋，誰知火勢相續，波及全村才會生出業果來。最初那陣火為業因，由於相續作用，才變成燒毀全村的業果，結合因與果的東西，只有相續作用而已，並沒有第三者來結合兩者。

同樣地，最初的身、語兩業成了因，造業那一瞬間的身與語業，跟身、語的消滅，同時毀於一旦。正像燒完草屋的時刻，初火也熄滅了。但到後來生出結果，彷彿初火熄滅後，燃燒全村的火勢一樣。如果把初段的身、語兩業看成業因，以後等於它的業果了。其間沒有別人來連繫兩者。兩者之間，只有「相續」這種事態罷了。

這種情狀不妨用初火與後火來譬喻和比較，初火等於業因，後果無異業果，我們只能這樣抽象地分開來說明。兩者之間不必讓第三者介入。

我可以再舉一個比喻。諸位不妨瞧瞧專家造醋的作業。他們最先放進醋味，讓它相續作用，當前後狀態轉變，就會出現熟果了。這時候，當初的醋因早已在先前的時刻裡消滅於一旦。不過，從那裡轉變生出的果，正是持有新相，從此以果的方式存在著。好像因與果是不同的東西。其實，只是由於相續而已，並無不同。

從以上兩項比喻所顯示的內容看來，佛教論理所說的刹那滅並無矛盾，它會生出業果。

雖然，業因與業果是依靠「相續」（Saṃtāna）的事態結合起來，那麼，無表業在這個過程裡扮演什麼角色呢？

首先，造業前會產生意志（思業），它會變成苦樂中那一種果的因（牽引）——並非無表業會變因。之後，以思業為因，再生出業道。業道產生之後，身體乃至語言的發現（表業）才會露出表面，以別人的身份讓人知道自己的意志在何處？身體和言語的發現後所生的無表業，會協助留下餘勢。這樣才開始讓這項發現得以完結。那就是使業果生出來。

倘若沒有助因的無表業，例如不善業的情況，就不能生出苦果了。

「若沒有無表，依別的方法於非愛之果（苦果），不能成為圓滿的助因時，也不能生出應得之果。」（同上五四四a）

能使業果生出的因，首先是引發行動的意志（思業、意業）。無表業成為輔助角色的因，旨在讓行動完結。如果行動完結，靠著相續轉變的作用，換句話說，靠行動本身的增上力，讓業果自然產生，並非依賴無表業。

業因業果與經驗的認識

上面談到我們必須要從兩項觀點裡注視業因業果（業與人倫社會），現在，我們再一次概念式地談談這個問題。

第一項觀點是依據因果命題。不妨稱它理性的認識。意思是果必然從因裡生出來。雖說這是一項必然性，殊不知它並非依靠先天式地純粹思惟。

例如，從牛奶（因）製造黃油（果）的情形，即使分析牛奶來看，也找不到黃油的存在。同樣地，不論怎樣分析黃油，照樣找不到牛奶。依靠各種增添的先天式分析，也看不出牛奶與黃油間會有因果律。因為在牛奶的概念裡，並不是先天式地包括黃油在內。

然而，若假設牛奶與黃油間存在因果律，以牛奶為原因，把黃油當做結果，這不是論理的必然性，充其量是一項單純的蓋然式假設罷了。因為從牛奶生黃油這樣無數的經驗裡推理下去，最後推出黃油是由牛奶製造的。

由此可見，牛奶與黃油兩種物體不是靠各別分析來推測，而是依賴兩者綜合性地相互結合，才推測出它們的關係屬於必然現象。充其量這也是綜合與蓋然性推測而已。

通常，大家所說的因果律，嚴格地說，也不可能是論證性地認識，在兩件事態的結合裡一定得有許多經驗的累積。換句話說，因果律屬於經驗的認識。好像大家所想像的一樣，它不屬於理性的認識。（後期大乘佛敎，尤其中觀派，一直從正面探討這個問題，它不是新的論理，早已潛伏在阿毘達摩佛敎的哲學裡了。）

業因業果的關係也不過是蓋然性的推測罷了，也可說是經驗的認識。

連結業因與業果——相續的概念

誠如上述，因果律本身早已不是理性的認識，它完全屬於經驗的認識。

連結佛教業因與業果的關係，不消說，本來依靠經驗的認識讓人實際感受出來。這不是靠業因業果、善因善果等因果表現，顯然，它靠像善因、樂果（惡因苦果）這種因、果苦樂的經驗實感來轉變的。

話雖如此，業因怎樣生出業果呢？在說明中可以看出它的情狀。業因是一種相續，轉變成了業果想法。這樣指出業因與業果兩種現象的連續性，這兩種現象在時間上（輾轉相續，必無間斷）繼續被知覺，也靠許多這樣的經驗，才能得到的結果。

不過，兩種現象的連結不單是時間的連續（佛教所謂相續），也用增上力（輾轉力、功能）來表示。

業因在過去從如此這般的說法開始——縱使連續起來——怎能說業果在未來會如此這般地非生出不可呢？所謂在相續進行的增上力（輾轉力）方面，有什麼相對應的東西呢？依據衆賢的看法，它不是好像接受外來的東西一樣（例如大乘唯識學派所說的種子），而是內在的心理作用。

總之，業因現象在所謂業果現象之間，會經驗屢次引起的關係——經驗相續——在引起業果時，會出現一種想起業因的習慣。業因與業果的對應印象，係從前者向後者相續，那就是使人產生一種變遷的感受。「相續」即表示這種變遷實感的一種概念。雖然，「相續、轉變」不是陌生的詞語，殊不知轉變（變遷）即是相續也。

由此可見，靠經驗反覆得到的變遷實感——只要是實感——都是屬於主觀性的東西。並非業因裡具足可以產生業果的必然性，而是仰賴兩種現象反覆中產生的現象，主觀地使兩者能夠對應的主觀信念，對自己起生起的作用。讓理性滿足客觀的必然性，即使分析兩種現象，卻也不在自身裡。因為關係性是屬於經驗，單靠理性不能論證出必然性。不過，並非不可能實證。原因是，不必靠許多經驗到論證的地步，就可以充分地在經驗上實證出來。

輾轉力與種子的差異

也有一種想法是，以連結業因業果的方式建立種子的概念。如果依照這種觀點（例如經部、大乘的唯識學派）——先有種子存在，依靠習慣來培育（薰習），相續、優越轉變之餘產生業果。這叫做種子的活動（功能）。

乍見之下，這種觀點跟上述那種依靠衆賢的輾轉力的想法，似乎極為類似。它們到底差別在那裡呢？關於這個問題，各個專門領域介入太多，恕不贅述。我只列舉下面的譬喻，談談兩者的微妙差異。

現在，不妨看看植物結果實的現象。

從種子發芽，接著，開花結果，自然有一連串的過程。在這種情況裡，種子這個因會原原本本地相續著，逐漸轉變為花，以至成果。因此，一般人常說種子（業因）會生出果實（果）。同樣的情形也能在業因與業果間說得出來。於是，先從種子功能的相續，最後有優越功能，才會生出果實。建立所謂種子的第三者。這是世親想出來的論理，也堪稱世親的種子說。的確，這種想法變成大乘佛教的思潮了。

奈因這種想法並非整個佛教的共同點，所以不能代表佛教。尤有進者，還有更合理的論點不能忽略，那就是衆賢的哲學了。

他認為從種子到果實這個相續階段，不必設定第三者。種子（業因）大概會發芽。可惜，關於種子發芽的原因，其間一度中斷。其次，開花的是芽，而不是種子。種子已經消滅了。接著，果實係從花裡出來，而非從芽裡出來。總之，芽是開花後的階段。連續這種過程叫做相續或轉變。

換句話說，業的相續存在，並非種子一貫地發育成熟所生的果實。種子雖然是發端之業。但非單單這樣相續下去，就變成芽或花，最後變成果實。種子以外尚有別業，才可能相續。不是僅靠種子這顆前業，就會引出以後的業。

「以別業為因，引出業之相續。並非前業的種子能引出後業。」（順正理論　五一・大・二九・六三〇a）

再仔細一想，如果種子在生出果實以前，沒有一貫作用，它適用於業因業果的話，大概會變成這樣的結局——業因會原原本本地持續成業果吧？

理性上應該如此，但從經驗上說，卻非這樣通過單一性管道。何故呢？例如現在有一顆善種子，它原原本本地相續下去，它的果也會變成樂果的道理，難道果真如此嗎？雖然是一顆好種子，有時中途起了惡劣邪見（別業），傷害到善種子，結果，該發的芽發不出來，以致生出一個跟樂相反的苦果——這種事實在經驗上時常遇得到，也能得到實證才對。

「有一顆善種子，若遇到邪見力量損害到它的功用，迫使它不能萌芽時，即使最後不會中斷，結果又有何用呢？」（同上二二・大・廿九・三九八a）

由於這個理由，只憑種子相續下去而結成果，此事等於無的放矢。

業與經驗的認識

嚴格說來，因果律的必然性好像一句話——「從這個因真會生出這個果嗎？」——只有蓋然式推理，而沒有先天的必然性。兩者的蓋然推理所以成為可能，原係依靠多數的經驗，關於這一點已在前面詳述了。

甚至連因果律除了如此經驗，也不能單靠理性而談得上認識。這種事涉及業因業果的產生與人類存在的問題時，兩者的結合更是依靠經驗而來，在究極上，這種結合的必然性根本在於主觀的信念。

針對因果律與業因業果的問題，到底要採取什麼態度呢？這成為佛教兩大思潮的分歧點。

只有在理性觀點上想要探討因果律的必然性。這種思潮可從經部學派（阿毘達摩佛教的一派）的種子論上看得出來。

經部是從種子論引發大乘佛教（日本佛教的源流）的種子論乃至業論的一門重要學派。依據他們的看法，因果律是決定性、自然的道理，毫無可疑之處（因果為法爾）。理由何在呢？為什麼呢？因為湧起以前那種有卓越力量的意志（思業），以它為業因，而產生後來心理的卓越作用。倘若缺少以前的意志（思業），也不會有以後內心作用了。因此，這兩種現象（以前的意志與以後的心）的關係，就靠因果律來結合。

總之，因與果是互相對應的東西。上述的大意可用下文說明。

「必定有以前的思業差別，當然才會產生以後內心的功能差別。倘若沒有以前的思業差別，則不會引發以後內心的功能差別。所以，這兩者（業因與業果）有因果，更是彼此相應。」（順正理論・一二・大・廿九・三九八a）。

這是理性地、抽象地探討因果關係後的結論。總之，經部是站在：「因果即法爾」（因果律屬於先天性）的理性立場，這一點不難理解才對。

反之，以正統派（說一切有部）自任的衆賢是批判性。他的立場是放棄因果律的理性與抽象的解釋，完全根據經驗。他以為經部的理解止於分析與先天的認識上面，脫離業因業果的經驗真理。

總之，先有因的意志（思業）存在，當意志存在時，即使理性地分析意志（思業），也會發現其間只有因，而不是果。換句話說，只有因卻還沒有果。這樣一來，無疑是只有因的存在與果的不存在兩種現象。結果，存在與不存在等兩個現象不是相反的現象嗎？相反的東西怎麼能說是一項因果關係呢？換句話說，相反的東西不是不可能一體化嗎？

再者，他說——倘若在形成業因的意志（思業）之中，沒有一點兒業果的話，也會生出業果來嗎？但若在因裡也沒有一片果的話，豈非沒有理由生出果來嗎？換句話說，他指出業因與業果不能成為分析的認識對象。衆賢對於上面的解說，有過下面的表示：

「倘若有思的存在而有所起（業果）的話，應該會有這種意義（分析的認識）。然而有思而全無所起，未來會等於無，所以，以前的思與以後的心，不會有無並存。怎麼可說是因果相應呢？」（同上）

由此可見，業因與業果的關係是經驗性地，而且，只有綜合性地認識因與果兩種現象才能探討出來。

為什麼呢？因為觀察人類社會的現象時，如果說有一顆善心種子，卻不一定有良善的後心與果實。雖說是善種子在相續，並非原原本本地、很快地變成善果，反而常常變成惡果。

諸如此事，在我們的日常生活裡不難經驗或實證出來。

如果依經驗認識的教訓，可知業因（種子）及其果（後心），不能用一種相續來連繫的。不妨借用衆賢的話說：

「故知業（種子）與心（果），並非一種相續。」（同上・廿九・六二九b）

如果淺顯地說，例如搭飛機到既定目的地。那時候，倒不一定能百分之百平安到達目的地。途中也許有意外也說不一定，很可能有無法到達目的地的被迫降落。雖然，意外事故與被迫降落，在理性上不該有，奈因有過多次的經驗，這種可能性恐怕無法否定才對。

同樣地，如果一開始就說會生出善業的種子，但其業果也不一定是樂果。由於別種業因跑出來擾亂善業的種子，以致生出苦果的例子，在日常生活裡經常碰得到。

因為經驗這種東西相當主觀，所以，經驗的認識也是很主觀。誠如上述，業因與業果不外是依經驗的實感產生的信念。

第八章　業論的兩種思潮

問題的展開

我們通常對於業的概念，最先的感受，無疑是日常生活裡為何會遇到業的結果呢？這是人類與生具有，基於先天理性的需要而發出的疑問。

這種需求在預測因果律的假定。倘若仔細觀察時，因果律又不一定是符合理性的論理。那不是不理會經驗的一種抽象化之物。

除了能滿足理性的需求，又能具備經驗認識的東西，正是佛教的業因與業果論。業因與業果的道理以具有兩種需求的姿態出現。

那是佛教的業論——以上的論列正是我上述的要點。

以這種基本論理為背景，具體分析出來的情狀，乃是身、語、意等三業。佛教無異歸納人類的行動與這三種情狀，而洞察出來的產物。它表示對因果律理解的差異。

總之，探討因果律有二種方式，這是給予佛教思想一貫流動的方向。

從業論談到人類——

不消說，佛教的業論始自自己對因果律的預料。誠如上面許多暗示，對於處理自己預測出來的因果律，佛教使業論在兩個方向下展開。

第一個方向是，讓來自因果律的人類行動，在其具象性方面開展出來的思潮。以衆賢為代表的哲學，佛教內稱它為說一切有部，也是阿毘達摩佛教（佛教哲學）的出色人物。

第二個方向是，以同樣因果律為基礎，但朝不同方向發展的思潮。總之，不是給予因果律客觀的論證，而是意欲在經驗上面實證的思潮。那就是在大乘佛教方面展開出來的業論了。

首先，我們不妨探討一下第一個方向，即「從因果律到行動主義」所開展出來的思潮。誠如上述，曾經給這種思潮的始源予以體系化者，正是阿毘達摩佛教的哲學家——衆賢。

有關他的哲學內容，一向有過很大的不同解說。這種不同解釋係站在對於大乘的理解上面所產生的。總之，從印度諸哲學派別，互相護教的立場，有意圖地解說出來，連互相爭論等派，也都各自表示自己的立場才合理，一步也不肯相讓，只主張自身的立場，彼此爭論不休。因此，恐怕不能只固執一派，自以為是才對。

另一種不同的解釋是，針對衆賢的業論而來的。根據他們的說法——「他以實體論式掌握業的本質，才會陷入形式主義裡。」果然如此嗎?之後，不妨再調查一番，以便決定正確的業論思潮。

身業與語業的理解

一般人談到業都很曖昧、含混，但若從人的活動這一點來看，業無疑是身、語、意的任何一種，或依它們的複合體呈現出來的產物。

身（kāya）是由兩項要素形成的。身字的原意是指聚集肉體性之物的聚集，像毛髮等是。

肉體（身）要靠㈠心（意）才能活動。㈡是以地、水、火、風等物質要素為形象。由於這個肉體叫做業，所以，心非表現於外不可。心的表示要透過肉體，而它的肉體表示叫做身表。心分為善、惡兩種心，所以，跟心共生的肉體表示，即身表也有善惡兩種身表的分別。

語業也跟身業相同，它是具體表現於外者。把自己的意志讓外人知曉叫做表業，正因為如此，外在表現才成為語業的語業。因此，語業的本質必須要靠聲音。聲音一定要讓人能夠確認它的具體相。具體相即是地、水、火、風等物的要素。

聲音出自物的要素（地、水、火、風）那種論點，曾經遭到同時代的其他部派（例如經部）的指責，或者即使古代不曾有過，至少曾被大乘佛教的精神論批判過了。

然而，聲音的具體性，即靠語言活動的具體性，不成聲音，而且只限於聲音，追究其科學的客觀性，豈非應該被指責嗎？根據科學的追蹤，它的本質不外是地、水、火、風。

如果聲音裡沒有任何具體性，恐怕會變成極不合理的業論。例如以言語來說，被人惡言惡語的情況。即使對方的謾罵並無真意，殊不知用惡言傷害別人的影響不會消滅。惡言惡語即是真意裡有獨立的存在性。

總之，惡言惡語是實際的存在。若有相反的情況，那就是：「只要心地善良，什麼壞話都是好的。」這樣一來，人倫社會恐怕會慘遭破滅了。

語業與身業的本質即是聲音和身體的表現，縱使說最後被還元為地、火、水和風（四大種），也不能決定是「物質的解釋」。

且說地、水、火、風，不能顧名思義，指出它是常識所考量的意思。因為地指堅固，水指濕性，火指炎熱，風指活動。不論聲音或身體的表現，多少總是由這些性質混合成的。總之，所謂四大無異藉著物質表現所呈現的作用。

業不止於單純的意裡，待呈現於外後才告成立，這種說法形成很重要的佛教倫理觀。

例如有人對工作如醉如癡，任人謾罵或肉體表示（打或殺）也不注意。如果說這些不是業，但依佛教來說，仍然是業。

即使別人不注意，但，語言等活動（表現）受制於他本人的意志。跟內心一齊發作的表現。對方看來只是單純的聲音，不過是手腳的動作罷了。因為他全心全力放在作業上，而不注意那個人的意志，無如，對於企圖加害的人來說，還是一種業。企圖加害於人者，造了語業和身業。誘拐與詐欺兒童，等於犯了重罪。即使對方不懂，這也是一種業。此時到法庭審判，會被判成重罪。這樣也足以肯定佛教的倫理。

依據佛教的倫理，這種情況不是單純的實際刑罰就能終結。佛教警戒的行為習性很可能延續（無表業）。世間的法律也一樣，目的也不在實際判刑。旨在用刑罰使犯人能夠反省自己的罪，終斷惡習持續下去。這樣一來，實際判決是處理了佛教所謂無表業（習慣性）的存在後才開始做判決。

現在，不妨把上述的身業與語業等「活動」總結於下：

第一、通常所謂業，即是行為的意思，身業固然屬於行為，難道語業也可以說是行為嗎？行為一語缺乏確定性。若非把語業說成業不可時，那麽，把它解作業的原意——「活動」也許比較恰當。

總之，佛教所謂業，係印度古代哲學那種宇宙力量的一項表現。宇宙力量是呈現在人類身上的一種力量。因為語言只存在人類身上，才等於「語」，它是宇宙力量的呈現，也等於「活動」。所以，語業是透過語言呈現出來的宇宙的「活動」。因此，語也可以說是業。

換句話說，業的原意——「活動」，存在身業與語業的根底，可以說古印度思想裡宇宙力量（śakti）的傳統。

第二、身、語是要透過意（心）表現於外的機能方式才能說出來。這三種是生活體，其中，身、語與意的關係，無疑是質料與理念的關係。身、語所以說是由四大（地、水、火、風）所形成，無非等於身、語兩業的質料。

因為身業語業必須為意志的表現，不是單純的運動。表現是經常伴隨意志。即身表和語表常常伴隨意志。有人說「心之所起」（順正理論·三三·大·廿九·五三二a），正是如此。這是衆賢那種說一切有部的思想，但是，歷來的論點一直批評他為「單純的形式主義」，或「物質的業論」，其實，這種批評堪稱一項誤解。衆賢的構想很正當，顯然是一項卓越的倫理觀。

相當於質料的身和語可能有各種理念。身、語本身充其量是質料罷了，只有透過它表現理念的意志，身和語才開始變成業。總之，它的業是一種現實體。正如泥土不過是質料，只有用泥土製出瓶子時，才能給予瓶子的理念，而完成的瓶子變成現實體放在那裡一樣。

人類的生活體是具有所謂身、語的質料，和所謂意志的理念。質料與理念只能在概念上分離，現實上不能分離的。

意業的理解

一般人常用意識的含混與抽象的術語，但在佛教心理學上的思、心、意、識等，都解釋很嚴密，當在區別彼此的範疇。尤其，在佛教裡也有區別與不區別的情況，在學派及教學方面也設定若干區別。

所謂意業，則分別在意與思方面設定若干差異。衆賢將意志的本質當成思（cetanā）。這是純粹的心理學定義，它的意思無異人類的思惟作用。然而，單指思惟作用不能叫做意志。在衆賢的學派以外，有人把思叫做審慮思和決定思，意欲將思與意志等價齊觀，平等看待。包括經部及其影響的大乘唯識派等，都屬於這一類。

但是，相當於佛教哲學源流的衆賢卻跟它們不同。依他的看法，意業的本質即是思，這是繼承原始佛教的精神，思只不過是心理活動罷了，沒有據實引起行動的意志。若要引起行動，必須要有以下的過程。

先要有思（思惟作用）存在。思是依據意（manas）。接著，思與意才一塊兒引起行動。總之，透過身體和語言才能引起行動。

姑且不提這種心理過程的分析，意就是一般所說的心或意識，這種想法恐怕不會很離譜才對。

把佛教當做一貫思想那種意志，有業的本質存在，好像後世發展出來的大乘佛教一樣，並非重視意志之餘，而輕視身與語的具體行動。衆賢曾說身和語業的表現（身及語表業）由四大種造成，也指出那些跟意志一樣，如果也不重視身、語等肉體行動的話，就不是具體的生活體了。他決非輕視意志，也不把業當做唯物來解釋。

肉體與精神間的調和統一，會健全地引導生活體，這種情狀不限於宗教，在醫學哲學方面也以這為目的，故它不算是很奇異的假設。

業論又何嘗例外呢？它說要依靠身、語、意等三者的統一體，才能叫做人類行為。

雖說單純的肉體與精神的調和統一，也只限於保持個人的生活體。至於個人與個人的世界，即與人倫世界的關連到底如何呢？這裡不會出現人倫社會的問題。它缺少這種原理性的東西。

只有業論才能回答這項難題。業論並非只靠肉體與精神的調和統一來成就業。它給個人生活體互相組成的倫理社會予某種意義。那就是在業方面加上善與惡的倫理判斷，理論式地教導大家要累積善業。而且，善惡的判斷不限於現在，也擴大到過去與未來，教導大家懂得這種時間的無限性，以及超越個體那種無限擴大的空間。

待肉體（身、語業）與精神（意業）的調和統一後，才能完成人類的行為，關於這一點，古籍上曾用一則巧妙的譬喻來解釋。（順正理論・三五・大・二九・五四二c）

且說如來走入某村子時，告訴弟子如有歡喜會增福。弟子聽了才增上的信心（至此弟子生出意業）。於是，他向他們講述如何恭敬和禮讚如來（起了語業）。接著，弟子湧起福的表業與無表，自動安設莊嚴，打算親自迎接如來（起了身業）。之後，才用無表常常增福

（行為結束得到福了）。

如果弟子僅有歡喜心（只有意業），那就是只有意妙行罷了。如果只有心，也會暫且中止下來，恐怕不能增福了。因此，為了完成增福的行為，必得有身語的妙行。

由此可見，行為的具體性是，預期完成意、身、語等三者。所以，叫別人表現行為也不能叫做完成的行為。關於這一點，不妨敍述於下：

「又非自己作，只打發人去做時，若無無表業，就不會感受業道。因為打發別人的表，不能被攝於他們的業道表，所以，此業尚不能所作正確。」

業即是行為，先起意業，這樣，才能引發肉體活動的身與語業。任何一種都少不了。諸位已經明白這項構想雖然符合佛陀重視意業的本意，誠如上述，卻也從以身、語為客體方式的四大種裡，把表業與無表業做一番分析了。這是讓行為的客觀性與具體性明朗化出來。

業與倫理

若把這個當做一般問題的方式，擴大範圍來說的話，並非只在內心裡思考就行了。倘若心中的思考確實，就得透過身體呈現於外了。這在佛教裡堪稱一種行動主義。

這種行動主義的業，到了後代，真正的意思反而變成一種只重視意業的傾向了。儘管是善、惡的行為，只要在自己內心裡修行就行了，或以為它屬於過去世的業，莫可奈何，小心外向的行動，只得變成內向，適應環境而已，反而疏於改變環境的積極行為，孤芳自賞成了消極與受動的態度。陷於這種消極態度的根本原因，依我看，在於輕視身業與語業的客觀性，反而只重視意業而已。

殊不知真正的業論在行動主義上面。尤其在古代社會，社會意識很低，連佛教的業論也不太影響社會，而更傾向在生活體方式的個人方面開展。然而，時代逐漸在變化，才開始從自己轉到別人身上了。這樣對於宗教教團內的規制很有助益。例如，訂立律儀和不律儀，當做成立僧團的規矩。

只要發誓遵從僧人的規矩，就等於成立良善的律儀業，剩下業的餘勢，如果變成相反的不律儀的業，就剩下邪惡的餘勢（無表業）了。

業的倫理性開始超越僧團而後普及到一般百姓和信徒之間了。這種倫理規範的數量多達十種，稱為十善業道（十六善業道）。

那就是殺生、偷盜、邪淫、兩舌、妄語、惡口、綺語、貪欲、瞋恚和邪見等，叫做十不善業道。脫離這些叫做十善業道。這十個項目不限於佛教僧團，也成為民間必須遵守的社會倫理了。而且，這十種項目不單是德目與非德目的陳列而已，而且，從業論的個人主體分析，開始自動展開的社會倫理這方面，也能選擇業論的社會性。

意業與無表業

人類的行為不同於衝動及運動，它一定以意志為主。行為責任的所在，全在他的意志，這種說法屬於一般人的理解範圍。

尤其，人類的行為不止當場而已，也會影響未來和別人，同樣地，也受到時間與空間的限制。這種限制不只終止在意志這種識閾內的現象裡。

佛教的業論，即由於行為論引出的行為，被分析成身、語、意等三項要素。其中，所謂身、語的外在機能，受到物質的限制（四大種所造），從這種身、語的活動產生的習慣力，無疑是很難靠心來改變的客體存在。關於這一點，只要看到筋肉運動，不難明白才對。

跟呈現外在的表業一樣，從此生出的習慣力量也被當做一種客體存在。這是無表業。雖然不會呈現於外，卻是附隨在身、語上面的潛在力。身、語是暫時停下，又能反覆的東西，同樣地，無表業也保持客體的存在性。這叫做實有，無表業習慣力，係以實有方式擁有客體性。它有某種從外部控制行為的作用。

實有不是像無機物那樣靜止狀態，而是一種作用性。真實的東西不是常常呈靜止狀態，而是在動的狀態下。實有（dravya）的原意，也意味有真實的理由。所謂實有，意味「真有」或「確實」，而非指物的存在。這項原意往往被人誤解了。因此，曾幾何時，也有人把我們依據的衆賢哲學，批判為單純的實在論，殊不知事實完全相反。

肉體的行為後來雖然留下習慣力，但在心中所起的意業卻沒有留下來。

針對這種論點，又有人開始批判了。原因是，把習慣力（無表業）限於身和語，而不放在意思上，這樣會連貫不起來。他們批評這樣很矛盾，這種批評不是出現在古代的佛教思想史上，勿寧說，它好像流行在現代的佛教學者群中。

若從原始佛教的立場與衆賢哲學的觀點看來，這種批評需要再三檢討。

那就是意業不認同習慣力（無表業）的真意何在？

原因是，認同習慣力屬於修行上所必須。為了遵守那種維持僧團的道德規則（律儀），一定要承認身與語方面的告白，和實踐行為的重要。

例如，一旦用語言在大庭廣衆之前訂立誓約時，就會留下語業的餘力，或者變成功德，甚至被看成罪行。因為身、語業的公共表現含有客觀性，而且，它的餘勢也會留存在他的身上，激勵他下次的行動，或使他後悔中止以後的行動，好像擔負某種抵禦外在的角色。因此，在身與語業方面會留下所謂無表業的習慣力。

然而，意業的情況跟這個不同。佛陀已經譬喻說過意（心）是一種刹那，猶如猴子從這樹躍到那棵樹一樣。

衆賢也繼承這種原始佛教的思想。因為心是刹那性質，所以，才沒有時間和空間可以留下無表業。

假定心裡留下無表業，則會發生以下不合理的情況。例如，早晨的瞬間生出良善的意業。在下個瞬息間也許會生出惡心來也不一定。倘若以前生出的無表業原原本本留下來，即使後來起了惡心，由於善心依然繼續著，最後大概會生出善果才對。如果這樣的話，只要善心一起就行了。惡心的情況相反，一旦起了惡心，因為壞的無表業既已附隨，以後即使起了後悔念頭或善心，也不會使以前的無表業消滅。結果會變成宿命論，既無改變心意，也不會湧起向上的進步之心。

由此可見，若站在倫理的立場上時，心裡不認同無表業，把剎那性與力動性放在心上的構想，實在是很現實。

業不是只靠心就可以成立，它要透過身體表現出來才能成立。換句話說，業就是身心一體的人類學。

由業論到宗教

業論是在無限時間與空間上探討生活體的思想。其中一項思潮向行為分析。這方面的哲學教導我們，要用整個身心的方式探討人的存在。這種方向顯然是前往人類學的路。

相反地，還有一種方向。那是從業論往宗教的方向。站在佛教的思想史上說，要從上述的佛教學時代（阿毘達摩佛教），前往大乘佛教的潮流上才能看見它。它是出現在大乘唯識學派的種子說，或阿賴耶識說的意識心理學上面。

業與種子說

業的本質即是意（思），這項佛陀精神是佛教各學派的共同點，如何以業的方式才能認同意以外的身體行動呢？再三追究此事的哲學時代，叫做阿毘達摩佛教。它就是歷來所說的衆賢哲學。

相反地，種子說是把重心放在業的本質那種意（思）上面所展開的思想。

所謂種子說，乃是為了說明業因與業果的關連所設想的假說。而且，它的展開並非從外界的事物裡觀察，而是想在所謂種子內部的知覺機能裡面看。

但要注意的是，追究這種內部的意識結構之際，身業與語業那種外部機能的理論體系減弱了。

經部也包括這種內容。經部（思業宗）說：

「思業的發生不待身與語，即在思要發生時已經完成身業。何必假定動身呢？」（順正理論・三四・大・二九・五三八ａ）

意思是，僅憑著思，就能完成身體行動的身業。強調內部意識的重要性在經部裡——不待唯識學派的展開——既已藏有唯心論的傾向，這是無法否定的。種子說也被放在這條線上了。

種子到底是什麼呢？種子堪稱一種附著在心中的功能。直到種子說出現以前，已有大衆部或正量部等學派了，他們承受之後才形成經部一派，完成種子說的大部份骨幹。

所以，現在要靠經部所說來解釋種子，詳情如下。

繫起業因——業果的東西，即是生出果的功能。這項功能不停地相續下去，最後的瞬間一到，會達到卓越的功能狀態。這段瞬息叫做生果。雖然種子在相續著，但在相續方面也有兩種方式。在以後瞬間成熟下去叫做轉變的功能，而最後一瞬間生果的功能，稱為鄰近的功能。總之，諸類功能叫做種子。

因此，所謂漢譯的種子，並非指果物裡靜止的種籽。所謂種籽者，跟包圍它的皮、味和水份等不同。種籽是生出這些皮等的根元。種籽不是皮等之類的種籽以外的東西。種籽跟皮等的外物被看做個別存在。種籽是一種籽子，而不是果物本身。

然而，經部所意味的種子，必須要跟這個加以區別。

總之，業因所以會生業果，決不能說業因裡暗藏一顆種籽，才會生出業果來。種子不是存在業因裡的小種籽，而是整個業因或業因本身。它也是業因的功能。業因即是種子，而種子不是業因裡的部份。

種子的定義

經部給予種子的定義是，大乘佛教唯心論的傾向起源。

「所謂種子是，在生出名與色（五蘊與人類存在）間的自果方面，成為有所的輾轉與鄰近間的功能，這是由於相續轉變的差別。」（順正理論・一二・大・二九・三九七b）

意指人在造業時，業因與業果如何連繫呢？誠如上述，完全靠功能引起。那麼，持續以前出來的心以後，再出來的心，係靠卓越的功能出來的。這種卓越的功能叫做種子。

具體上，在善心與不善心的情況表，會怎樣相續下去呢？

「此中的意思說，不善心裡有善所引的輾轉，和鄰近功能的差別，才會成為種子。依此無間才得以生出善法。或在善心裡，以不善所引的輾轉與鄰近的功能差別成為種子，依此無間才得生出不善法。」（同上三九七b—c）

由此可見，不善心中有善心的功能，它會招致善果出來。反之，善心中若有不善心的功能，它靠相續作用也能招致不善的結果。總之，善果出自不善心裡的善心，相反地，不善果出自善心裡那顆不善心。這種連續作用的功能叫做種子。

依照這項解釋，種子也許看來彷彿果實裡的一粒種籽。倘若事實如此，那麼，不善心中會同時存在善心的種籽。一心上面不允許有兩心並存。

實際上，以上那項反論係針對經部的種子說而來的。它就是衆賢，現在要慎重地討論這項教理問題了，不過，下面要注意。

那就是說，經部不是把種子當做一顆種籽。不善心是同時能夠轉為善心的心，相反地，雖然是一顆善心，也不能保證永遠止於善心。「若遇到別緣」（順正理論・三四・大・二九，五三五ａ）也能變成不善心，因此也能生出不善的業果，這種心的動力論才是真意所在。所謂功能者，不外是這種心的精悍活動，它也是種子。

種子說表示善與不善都能回轉那種心的活力理論。種子決非一顆種籽而已，它純粹是可能使整個善心與不善心互相回轉的一項活動。

這樣一來，可見種子並非善心與不善心，而是佔有它的深層。它不屬於善心與不善心這種意識現象的領域。

業因業果不限於單純與表面的意識現象，在其深層的潛在心下也存在業——行為的基礎。

邁向這個深層部母體，不久之後，到了大乘佛教時，竟衝進阿賴耶識或阿賴耶那種潛在意識的構想裡了。在心理學裡也能跟應用心理學保持溝通，但在宗教上，業與不善心等兩極的互相回轉，也肯定宗教修行的意義。

第九章　業論與無我論

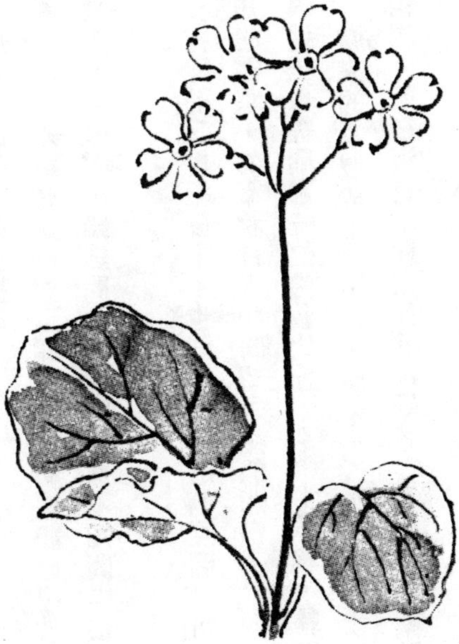

業與自作自受的問題

通常有人問道，作業後誰會承受結果呢？

在佛教裡，受業者不是別人，而是造業者本身（自業自得）。關於這一點，已經在上面討論過了。

那麼，自己承受業果到底是什麼呢？由現在的身心來承擔嗎？

現在不妨列舉些簡單的疑問。有人說死後下地獄會被割掉舌頭。自己的屍體已經被燒成灰，應該不會有舌頭才對，為什麼還會被割下舌頭呢？雖然問題很單純，殊不知問得很對，頗有道理。

這個疑問不但出現在二十世紀，遠在紀元前二世紀後半，也同樣有過這個疑問，可見任何時代都有人提出來問。這與其說出自知的需求，勿寧說是人類盼望永生的悲願。

不論如何，在彌蘭陀經裡希臘的米琳達王曾經問過一位佛教比丘——納卡塞拿，輪迴的主體是什麼？人死後到底什麼在輪迴呢？原來的身體或是靈魂（vedagū）呢？那位比丘答說，因為人的存在連續起來，暫時名為相續，所以沒有不變常住的承受者存在。（彌蘭陀經：四〇頁）

人只不過是由身、心（色、受、想、行、識）組成的一種相續（saṃtati）罷了。相續也是連續起來（santāna），不是靜止的實際存在。但是，人把無始以來連續的諸種現象——自己，恰好當做實體，而且執著它。從執著中生出迷惑的人生觀。為了斷絕迷惑，必須知性地掌握個人存在，不過是一種相續罷了。

彌蘭陀所說的思想，以原理化的相傳到後世。紀元前五世紀出現一位大菩薩，他的大作裡歸納如下：

「既無業的作者，也無異熟的受者，只有諸法的轉起，這是正見。同樣地，業與異熟（結果）一面有因轉起，一面像種子與樹等，不承認前際。未來的輪迴也一定會轉起」（維斯德馬加　六〇二頁）。

沒有輪迴的主體，只有生出業（諸法）從無始以來，一直在相續而已。我們卻把主體轉移到過去、現在和未來，這樣無異一種妄想。妄想是指知的對象次元，真意是打破自己執著不變化的實際存在。輪迴的主體是認識論式的妄想，宗教式的執著。再者，妄想來自執著。

難道既無業，也無業果嗎？如果把兩者當做固定東西，那麼，這種含義的業或業果是不存在。如果站在無執著的宗教立場上，就沒有業和業果了。如果站在論理的立場上，既有業果，也必定有業因有才對。

這兩種立場就是宗教立場與論理立場，現在可用兩種統一形式說明於下：

「（業與異熟果）兩者（如果從宗教無執著的立場上說）互相成空，而且（如果站

在論理的立場上）既無業、也無果。」（同上六〇三頁）

由此可見，業及其承受者雙方的預測，係由執著實際存在之心妄想出來的。

執著在佛教裡一直被否定，為什麼呢？我想有兩項理由。

第一、執著不久會生我執，把實際對象物認為是自己的所有物，陷入利己主義裡時會成為怨恨。從執著產生貪、瞋、痴（三毒），以至破壞人倫社會。

第二、執著起於自己把對象看成實際存在物。世界上沒有永恒不變的東西，因為把它看成常住不變，才會起執著。所以萬物在流轉（無常），不僅佛教如此，在科學方面也是真實之相。萬物流轉這種觀想，如果相反地說，大概是指萬物含有進步的潛力。因為萬物在變遷，不是常住（無常），萬物才不得不進步。從這種思索中，在科學上才能驅使人的意欲邁向新的創造，在宗教上才使人曉得精進力的修行極有可能。

由此看來，執著在心理上會使人製造迷惑世界，在科學上會變成一種惡德，使人看不見萬物變遷的原理。根據這兩項理由，佛教才會否定執著。竭力找尋業輪迴主體的態度，才是應該被否定的執著。

無我的意義

佛教從印度經過中國，再傳到日本，回顧這段漫長的佛教思想史時，不難發現其間有不少民族與政治的限制，在思想與內容上也有很多變遷。古代的教理不是一成不變地被傳遞下來。證據是佛教還活著，也能夠說話。死人是不會說話的。

關於無我（anātman）的思想也一樣，有關它的內容與處理方式也多少受制於民族和文化史的約束。概略情形如下：

無我的本來意思是否定實際存在（我）。否定諸神的存在，才能讓人性的覺醒恢復。佛教以活人為對象，一開始就否定實際世界。因此，佛教教示世人說，世間是一種幻想。哲學式地說，一切存在沒有實體性，否定存在的永恆性。把世界看成幻想，或否定一切存在的永恆性，其根據出自他們用生動存在的觀點來觀察世界和存在。

活生生的證據在那裡呢？原來存在「活動」裡。我們可用作用一詞的概念來表示。凡是活生生的東西即是會動的存在。活動的東西不是實際存在，也非具有永恆的存在。但又不是沒有。雖然，我們的眼睛看不到風，它卻在活動、在作用，而不是沒有。風是一種真實性質（dravyato）的存在（asti）。它叫做實有（dravyatosti）。實有即是「實在有」，但非實體（rebus, entity）的意思。

有人批判以衆賢為主體的阿毘達摩佛教哲學，乃係很單純的實體論，這實在是一種誤解。不但不是那樣，勿寧說，實有論並非實體論，所謂「實在有的東西是機能性地有」，甚至可說是一種作用論。這表示佛教機能主義（functionatism）的某一層面。

我（ātman）是指實體性。缺乏實體性的情狀，即是無我。不是否定自己，更不是既無變化，又不前進那種實際存在的自我否定。同時，也非進步、前進或機能性存在的自我否定。

但這種否定屬於某物的否定，不會超越相對否定或論理否定的次元。其間沒有主體的體驗。僅有認識論與對象的否定狀態。彷彿車廂裡「沒有」座位那種「沒有」一樣。這也叫做空（'sunyam），卻不意味到絕對空的肯定體驗程度。

但到大乘佛教，尤其到了中國佛教時，無我的內涵深奧起來。它說能成空或成無我。無我是絕對無我，絕對空，以為它超越了相對否定。說得積極些，所謂絕對空的體驗，不妨採用日日是好日或自然法爾，無為自然等敍述法。這樣一來，在它的體驗內容方面，竟也類似道教的無為自然了。

這時候，無我不過是相對的否定罷了，堪稱絕對無我的體驗否定，即是一種肯定的次元。然而，這種概念內容的變遷，卻不存在印度的原始佛教時代。無論如何，原始佛教的無我是實體的否定，止於相對的否定，其否定不限於論理的次元，卻呈現在業論的根底。

人的存在可以分析為身與心，身與心可以再分解為色、受、想、行和識。不論那一邊都沒有我的實體。相反地，存在物是什麼呢？只有法（存在）的變遷而已。存在的變遷是活動的變遷，業的本質是活動。所以，活動的變遷（'samtāna相續）即是業的變遷。而且，這種變遷堪稱無始以來的變遷。因為屬於變遷和作用，所以，在空間上既無實的存在，在時間上是無始無終。

業的變遷不能用五官來掌握。因為我們本身就是業。人不能從堤防上面眺望業的變遷。因為我們就是業的變遷。我們的所作所得不能用五官來掌握，最大限度除了用心來感悟以外，別無他途。

自身處在業的變遷中，那種自覺完全等於忘了自己。總之，那是跟我的否定打成一片的體驗。像「處在變遷中」這種對於業的感悟，不消說，會跟無我的認識完全一致。

由此可知，業論跟無我論並不矛盾。有些西歐學者曾經指出佛教的矛盾所在，其實決不會矛盾，由於我即是業的存在，才會說無我，由於無我，才會說機能的存在或業的存在。例如M・法爾庫等人尖銳地指出，兩者間沒有「兩律相背」或矛盾。

業與無我間的「兩律相背」，也能以體驗方式被接受，不止於單純對象的認識論領域。為了幫助理解，我不妨列舉一項淺近的例子。

且說印度的德里市郊外，有一個舊藩國叫做塔玖瑪達。城裡住一位昔日的公主，她正在獻身印度的福利運動，她是非常懂得自我反省的印度教徒。雖然，她有一股強烈訪問日本的願望……。

於是，她排妥計劃了，不論如何要去日本一趟。但是，萬一工作忙碌耽誤計劃，自己也不會失望。那時，她會達觀地以為自己的業碰到麻煩問題了。這種達觀反而會給她一股勇氣去開拓事業。之後，她會更希望來日本……。

一般來說，現代的印度人也許曾經這樣做，但，他們愛好理論，喜歡抽象論，缺乏自我反省的心情。印象中，他們屬於知性，但卻缺乏情感。然而，她的信念只是意外的一面。自己想來日本的希望縱使泡湯了，失望之餘，反而使她更想充實自己對於業的奉獻機能，這叫做根性。

佛教的業——無我的理論結構，不是為理論而理論，而是透過生動的體驗使它成立起來。而且，她既不要有什麼絕對者的存在，也不認同絕對者的命令，她不是若無其事地說明自己所確信的業——無我的體驗嗎？將無我轉向到業的機能，這種心情正是知性的自覺，她既不遵從神的高見，其間絲毫不表示對神佛有什麼報恩的感情，亦即對神佛沒有任何情感與依存的態度表現。

總之，業論與無我論的一體關係，只有從體驗裡產生。業可說是將死心轉變為機能的一種行動哲學。業的世界是無始以來的作用——並非依靠神製造出來——既存在那裡的情狀。

第十章　業與衆緣力

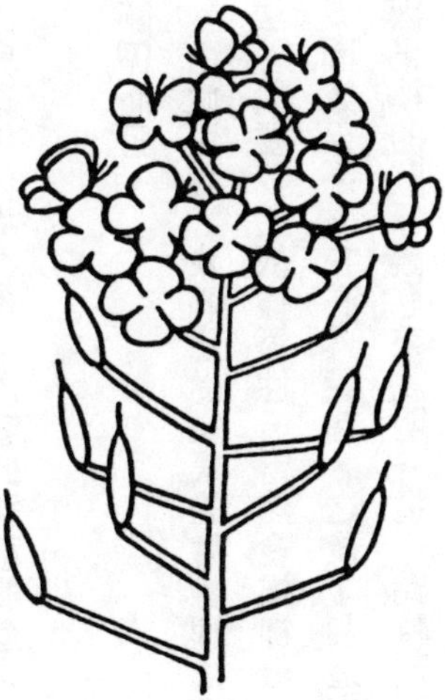

業的雙重關係

只要有業果，追究它的原因，無疑是人類悟性的活動。世人想依靠這種悟性的活動，明白業果的原因。區別業因與業果時，早在其根底下就已經橫著因果律的觀念了。

追究因果律時，終究會承認因是一種作用，之後才知道它被稱爲無表色或種子的情形。因既不是神，最後也是非物性的第一原因。因為業因與業果依靠有作用內容的諸種概念才得到肯定。

但卻發現，這種關係體系只是從因到果的單方關係而已。因是針對著果才成為因。相反地，果不會成因。由此可見，我們想從業果的體驗裡找尋業因是什麽？在日常生活裡，我們習慣這種追究方法。只要我們依據悟性，當然會這樣做。然而，這只是依靠悟性的一種追究方法罷了。業因業果是先在心外設想，之後才製造出來的關係觀念。然而，業因業果的關連，不能單靠因果律的關係觀念來說明。這一點特別需要佛教來解決。因為佛教會用緣來說明業因與業果。緣是佛教獨有的東西，不妨叫做樣態觀念。

由此看來，業因業果的關連，應該可用因果律的關係觀念，和緣的樣態觀念解說得非常圓滿。換句話說，業是靠因與緣兩項要素組成的。

衆緣的力量

如果因果律是從過去到現在，又從現在到未來那種業的時間連續的話，那麼，衆緣即樣態觀念是一種業的相互作用關係，如把前者當做時間，後者才能變成空間的關係。

緣（pratyaya）的觀念要如何表示相互作用的關係性呢？一般來說，緣的字源指「衝去」（prati-i）。但是「衝」字prati只有「衝」的意思時，表示運動只有單方面而已，從此不能出現相互性。因此，在「衝」字以外，不能遺漏「返」的意思。這一點連學術界也不太注意，好像被疏忽過去，殊不知若無此項意義，在緣的字源裡，就可能看不出相互性的存在了。

緣不是單方面地「衝去」，之後一定還有「回來」才行。情狀彷彿向牆壁投球一樣，意味一定再「回來」的運動。緣起思想也有這兩種含義。衝去的同時，還有回來的諸種狀態，即屬於緣起（pratitya-samutpāda）的概念。

誠如前述，業因業果的關係——因果律，只有從因到果的單方關係而已。因果裡沒有這樣「跳回」的運動。因是朝向果，但，果卻不能跳回到因裡來。

這項理論根據往往引導業論傾向命運與決定論的瞭解層面去。例如，許多人以為已在過去世既定的業因，就難以脫離現世的業果。這種想法根深蒂固在一般人對於業的認識上面。站在原理上說，這種命運論的瞭解只顧業因業果的單方關係，而不見它的「跳回」情況。

這種跳回運動才是緣的本來面目。緣除了包括因果律以外，也可能有跳回的情狀。緣的關係即是讓諸物能夠存在空間上，這種樣態存在緣的關係性方面。因此，針對因果律（關係觀念），才能使緣的關係叫做樣態觀念。

世間的許多區別（例如貧富等差別）由於業的存在才會產生——這也是業論的結論。不僅人類社會的諸種差別這樣，推而廣之，關於一切存在的生起，也想用這種觀點來了解它的樣態。展開這種思想的階段叫做阿毘達摩佛教時代，在那個時代的思想方面，具有明顯特色的哲學，即是「緣」的哲學了。

凡是被創造的存在（有為法）所以能夠存在，就是要靠緣，這是有為法的定位。

「諸有為法從緣裡生性，才建立自性之名。」（婆沙論，二〇・大・二七・一〇五a）

緣不是單一性的東西，它是複數的緣，複數的狀況。

「靠一切衆緣的力量，諸法才得以產生。」（雜心論・二・大・二八・八八〇c）

業因業果也是靠諸緣（諸條件）所生，不僅是因——果的關係而已。因是針對果而來的直接原因，緣是間接原因。因與緣本身不是固定的實體，而是動的、作用的，但因是針對果而來的單方運動，反之，緣是交互的運動，多面的運動。

業的結構有兩種觀念（因與緣），也是相等的重要概念。即說明生業得果的直接原因與間接原因。

業的生起不單靠直接原因，也一定要有間接原因。這一點可從以下的說明中看出來。人的身心等之所以產生，彷彿嫩芽萌自種子一樣，有人列舉這種論點來批評。為什麼會受到衆賢等人的批判呢？原因是，芽萌自種子的生起關係，是直接原因的種子跟芽間的關係，不過是單方的因果律罷了。為了要使芽能夠萌出來，也不能忽視其他促進的活動。

所謂其他活動，即是人為的力量。加上人為的力量，芽才會從種子萌出，這是衆賢等人的評語。（順正理論・三三・大・二九・五二九b—c）

如果擴大解釋衆賢的評語，不僅需要靠人的力量讓種子萌出芽來，也要有其他土、水和風等諸緣的力量才對。

另外，跟衆賢的立場互相對立的經部也認同這一點。

例如經部在說明業的相續狀況時，也指出即使業因的本體變化下去，業還在相續，最後的瞬間遇到「別緣」，也會變成因而後生出果。即使種子不是親密的因，也會靠「輾轉力」而生出果來。（同上三四・五三五a）

這裡提到別緣或輾轉力等概念，恐怕全都意味著間接原因那種「緣」的力量。

由此可見，關於業的生起及其結果，同時得靠直接與間接兩種原因來解說。不過，圍繞著直接原因與果這項因果律而起的爭論，卻從正面展開出來，而間接原因（緣）卻不出現在正面上，直到後來的佛教思想上，才招致不少批判。

誠如上述，在構成佛教哲學的時代（衆賢的時代）就已經談論間接原因（緣）的重要性了。

兩者相依指出業的兩重關係性。

業與自由

在有關業論的兩項要素裡，因果律在命運論的思考上具有容易傾斜的要素，幸虧透過因與果的分析，才常常會談到不同於命運論的東西。更進一步實證此事的論理，即是相互關係性的理論。那就是緣的論理了。

倘若種子與芽的直接原因產生果，即是因果律的話，那麼，土壤和水份等即是間接原因。談到人的存在時，人的自由意志會以間接原因的方式來制禦人的行為。自由即是諸緣的概念之一。

在佛教業論裡，我們發覺整個思想的開展，重要視線比較傾向相互關係性（衆緣力），而不是因果律。

例如有人的身體天生殘障。從業論的立場上說，其原因決不會解釋為過去的惡業，或祖先的報應所使然。因為殘障來自某種生理的與科學的原因。從生理的原因來說，只不過是生果而已。但是，所謂神的發怒或祖宗的惡報等第三者才是問題的原因，原始民族乃至古印度時代的民間思想一直抱持這種想法，佛教無疑持反抗的立場。

佛教怎樣跟民俗信仰搏鬥？怎樣將它導向深妙的哲學裡來？又怎樣使世人明白真實情狀呢？諸如此事大概可依靠佛教因果論的分析得到充分的了解。

佛教一面否定來自民俗的神等第三者，也一面肯定因果律，慢慢地從外界向內面，又從物性到精神將這些原因向下挖掘。最後才到達「緣」的哲學。

因此，上述那個身體殘障的例子，只有依靠五官掌握那種生理的因果關係才能說明白。然而，已經內面化的緣不能成為五官的對象。緣是以精神產物的方式在因的上面保持優勢。不論肉體如何，精神的自由受到當事人的保證。而且，精神的自由不是在沈默著。因為這是意味作用的「緣」之一，可能跟外界有溝通，才形成一股創造力呈現於外界。

為了要充分地使精神自由——緣的確能夠發生作用，勿寧說，甚至寧可讓身體之自由比較好。古代聖賢全都經過這種經驗。

例如，佛陀坐在菩提樹下苦行。苦行中最苛薄的是，怎樣制禦五官的問題？處罰犯人也一樣，據說與其判死刑。勿寧說，更苦的是怎樣制禦五官？有人說坐牢那種無期徒刑比死期更殘忍。因為犯人的視覺與聽覺會逐漸衰弱，以致於發瘋。

佛陀曾經勇敢地制禦自己的五官、四肢不動，也不飲食，不顧猛獸侵犯的危險，坐在荒涼叢林的一個石頭上，黑夜裡一面忍受視覺的壓力，一面苦行。這不單是人為既定的情狀，或某段期間的苦行而已，說不定他可能會這樣死在那裡。他無疑冒著生命的危險。

的確，肉體往往會妨礙靈魂的飛翔自由。佛陀可以說把自己健全的身體變成不自由的情狀。但，這對於他的靈魂淨化沒有任何影響。不但不會有影響，毋寧說，他那個清醒過來的靈魂自由，儘量擴大去跟外界溝通，他那副被磨亮的靈魂，竟成了世人的明燈。

總之，由於相信因果律而被控制的人，終於發現了一條超越它的生存之道。那正是忽視因果律的一個靈魂自由的世界，不是「緣」的哲學又是什麼呢？

這不是談論人生最深刻的思想嗎？因為人生的業世界，不僅靠因果律做直線型的探討，也是由互相身體力行（身業），互相談論（語業）所編造的現世圖樣。

甚至連衆賢對於業論的論證認識，也早已指向「緣」的哲學了。它不久成了大乘佛教的緣起論，才逐漸形成大乘佛教的軸心。這項緣起論也形成大乘佛教實踐論的根據。為什麼呢？誠如衆賢所說，因為緣是佛教解釋因果律的根本原理。再者，緣是相互性的原理，另一方面，因為實踐也許只能在人類相互關係上面成立。

第十一章　宗教上的業論

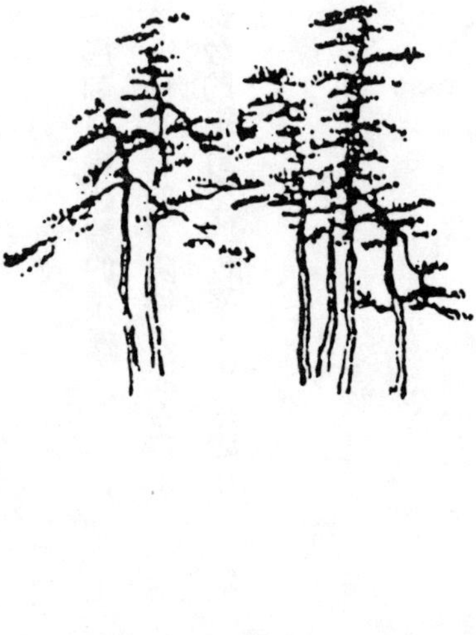

宗教的立場

我們不妨回到原題，總括一下業論果然能說明人的現實存在嗎？我們可以採取兩個方式回答這個問題。

第一、依據世人對因果論的悟性需要，探究業因業果的論理。之後開拓人類學的途徑。這正是以衆賢為代表的一群哲學家所建立的阿毘達摩佛教體系。他們具體地以肯定的姿態發展緣的哲學。

不久，他們把重點放在緣的關係上而非因果關係，成為一座前往緣起論的橋樑。

第二、是跟這個相反。那就是進步否定那個被肯定的緣。一面在它的實際性方面否定緣，一面在宗教性方面肯定下去，即是宗教的體驗世界。大乘佛教的絕對空的哲學，正是建立在這條延長線上的產物。

之後，我們再探討這兩種立場。

緣的結構

從因果關係的探究，也包括縱的關係那項因，和意味橫的關係那項緣的概念，拿走這些等於超過悟性的領域。原因是，緣並非一因一果，而是多因多果的關係，而且，緣也含有人的內在力，它是衆緣之一。

從因到緣的構想，不僅是佛教獨自的思索，而且經過詳細的分析後，也在其他哲學體系方面呈現佛教獨一無二的特性。

這項緣的結構由四種（因緣、等無間緣、所緣緣、增上緣）所組成。

一、因緣——根據原始經典上說，計有以下：「諸生以業為因」，或「此因此緣使那有情出生地獄」，甚至說：「眼等以業為因。」等思想。

這是業因業果的關係，若從緣的哲學來說，那只是緣的一個存在罷了。那是以因而來的緣。因此，在緣的四種存在裡，會出現因緣性這一項。

緣那種橫的相互關係，會在以下三種形式方面內面化，只限於心理現象的領域內。

二、等無間緣——這是出現在心理現象間的生起關係。當一種心湧起時，後面起來的心會直接持續以前，其間恐怕沒有時間的間隔。因此才成立所謂無間（直接的）關係。不消說，先前所起的心與後續的心，在本質上屬於同質。因此，意味彼此相等，兩心同質。

先前的因緣，如同業因業果的情況，並非離開主體假想的因與果關係。在業因業果的情況裡，因與果依照對象認識論的操作來推理。反之，等無間的關係圖式，涉及主體內若干心理要素的產生。

三、所緣緣——這是心與對象間的關係，因為對象是刺激心以後才能產生，故從心的觀點看，對象叫做所緣緣。

佛教所說的對象不是一般對象，而是有所分類和限制。凡可被當做對象者，計有色（物質）、聲、香、味、觸和法等六種。如從現代心理學的觀點看，前面五種（色、聲、香、味、觸）不是對象，屬於感覺，堪稱特殊感覺。如果站在心理學的立場上說，最後的法好像運動、靜止、形狀、大小、數等，附隨於特殊感覺的東西，才能使人有共同感受和類似共同的感覺。但是，在佛教裡肯定法的法若干特殊內容。一言以蔽之，這些內容有以下幾種：一是無表色，二是心的屬性，三是不屬於物質或精神理念性之物，四是永恆性的東西。

總之，在佛教裡，此等色、聲、香、味、觸、法等感覺，被看做意識的外在對象。依佛教的話說，這些感覺稱為對象（所緣），而承受這些刺激的心又如何呢？心（識）也分為六種——眼、耳、鼻、舌、身、意等六識。

它的對象有色、聲、香、味、觸和法，它們會分別刺激眼、耳、鼻、舌、身、意等六識。刺激眼識的對象是色（物質），同樣地，各個對象跟各識相互對應，而不會刺激其他。只有以法為對象的意，也能在法以外，再把六種感覺器官當做對象。那六種感覺器官是眼、耳、鼻、舌、身、意等六種，這些叫做六根。

六根屬於感覺器官，但不是指物質的與生理的器官而言，它們是伴隨活動的器官。佛教裡，可用根（indriya）這個概念來表示。因為它們屬於有作用的東西，才能成為意識的對象。

由此可見，佛教所謂心理的現象，跟對象間的關係，係不同凡響的特殊結構。所緣緣是，指這些意識跟各個對應對象間的生起關係。

這時，依據所緣緣那種相互性的分析，可知它在暗示若干重要情狀——那是佛教認識論的根據。

通常一提到認識論時，就會以主觀與客觀間的處理為前提。佛教裡常常會依據這種形式論。尤其在大乘唯識學方面，常常不注意地應用認識論的概念。

誠如上述，針對主觀而來的客觀，早已是感覺上的存在，因為沒把特殊與共同感覺當做抽象的對象來處理。因此，佛教所說的認識論不是主觀與客觀的關係，可能屬於感覺與意識間的關係。意識也非主觀的統覺作用，乃是眼、耳、鼻、舌、身、意等六種意識的總合體，分別收受感覺的東西。不能單純地斷言主觀會認識客觀。

四、增上緣——相當於諸項存在的生起，不能說是自己會生出來。但是，自己會影響其他存在的產生。例如積極催生他人之緣，意指不干擾別人的生起，這也是一種生起的緣，另一種是消極的緣，也在佛教裡屬於生起的緣。由此可見，一切存在除了自身，其他全是別人生起之緣了。

因此，它意指適用範圍在擴大，這種緣才能叫做增上緣。

在此，也能看出佛教獨自存在的情狀。佛教的存在論不僅是積極地以這裡的存在物為對象，連這裡沒有的東西，即以無的存在方式，也被當做一種存在。佛教的存在論包括存在與不存在。連不存在也以不存在方式，照樣屬於一種存在。

誠如上述的例子——車廂裡沒有空的位置。在坐滿的情況下，空位即是無。但是，卻有空位方式的存在。觀念上不僅這樣想，直觀上卻說：「有空位」。無也是一種存在。

那麼，包括存在與不存在的存在概念有什麼意思呢？存在是機能方式的存在，依照佛教的話說，屬於作用性地存在。由此可見，存在是作用。因為成了作用，所以，把自身當做無，才不得不把別人當成有。不存在不是缺乏狀態，而是讓存在能夠存在的作用。於是，不存在才能叫做存在。

這種意味的存在論，實在是處於增上緣的根底下，即把一切不存在也看成緣時的增上緣。另外，必須要靠這項論理來補充的是，存在倒不一定經常止於或繼續在存在裡。存在會轉為不存在，不存在也會轉為存在，彼此可能形成互相換位的狀態。只要存在屬於作用（機能）。那麼，存在與不存在也可能換位。

關於業的探討，不妨介紹一則具體的譬喻，說明於下（順正理論•一九•大•二九•四四八c）

假定有人因為有善因才出生到王室家裡，享受富貴與快樂的結果。不料，他生活放蕩不羈，為非作歹，以致承受苦果。之後，他厭倦苦果，再去行善得到樂果，才會這樣反覆下去。

他或者又修善業，也可能出生到人天裡，不料，他在那裡作惡多端，也會出生到諸惡趣裡。

像這樣善因善果、惡因惡果的造業下去會無限地持續著。緣的適用範圍係來自寬大的增上，善因與惡因即是相互地生出樂果與苦果。

當善因存在時，不存在的惡因會變成跟善因替換的存在，既存的善因現在會調換位置，而隱滅在不存在裡，同時再親自秘密地傾向存在方面。

由這段譬喻可知，所謂善因樂果和惡因苦果那種業的因果律，不是只靠不能倒轉的直線方向達到終點。雖然屬於樂果，也藏有某種形成苦因的潛力，雖然屬於苦果，也非永遠止於苦果上面。因為苦果裡也藏有善因的潛力，而且會招致樂果。

四緣裡除了因緣外的其他三緣（等無間緣、所緣緣、增上緣）。全都在說明隨時會增寬和加大的緣力。它們正指出在直線的因果關係下，有關衆緣力的重要性。業因業果的因果律沒有被除掉。在四緣裡，它們可用因緣的圖式來表示。

所謂業因，只表示業因業果的單方性內容。因為其間沒有明白出現緣的活動。因此，嚴格說來，與其說業因，不如說「業緣」的概念才會更直率地表現出深刻意味。

傾向精神主義

上述業論早已存在佛教以前的古印度思想裡了。那時強調業法則的必然性。但目的所在是人的自由意志。總之，人的本質是意志，好像現世存在的意志一樣，死後恐怕也是這樣。因此，人一定要本著善良意志生活在現世上，這是極樂天的想法，主要是頗能迎合濃厚倫理的意味。

佛陀承受這一點，以意志的重要性為基礎。但，佛陀的業論跟昔日思想不同之處，早已出現在無我論的立場上了。原始佛教的終結在那裡。

表面上看，業論跟否定業的主體者那套無我論似乎很矛盾。必須合理解決這種矛盾的重要性已經迫在眼前了。

必須解決的問題，不僅這些而已。單靠這一世的意志，所希望的結果將來果然會出現嗎？除了因果關係以外，還有別的力量存在嗎？這項疑問也非解決不可。佛陀滅後，靠一群佛弟子們體系化出來的阿毘達摩佛教學，自認應該負起上述的使命。這時候，才算完成佛教思想那套穩固的哲學思想。

之後所展開那套大乘佛教的業論——透過印度、中國和日本——才能在這項基本結構上發揮。即使要否定或肯定阿毘達摩的思想體系，也不能無睹它的哲學體系。

從這個例子看來，倘若阿毘達摩佛教好像一座聳立北方的喜馬拉雅山脈，那麼，大乘佛教大概能夠譬喻那條發源於喜馬拉雅山的恆河才對。原因是，大乘佛教的思想一面跟諸學派及各國的風土人情相互呼應，輾轉變遷，一面慢慢地流出來。

應該解決的其餘問題還存在著，那是有關業的永久根據在那裡呢？業依據什麼理論根據才能貫通三世，永遠持續下來呢？

關於這個問題，一群古代的佛教哲學家銳意將它理論化起來了。或者以為無表色是一種實有，跟身體的行為同時留下來控制下一個行為。但在這種情況下。也不失為肯定意志力的印度精神，只有意業就沒有無表色。意志跟無表色無關，屬於一種自由，也有些哲學家敍述自由意志，讓它能與古代的印度思想配合。這個學派重視意志與身體行動，不妨取名為準精神主義學派（quasi-spiritualism）。

反之，一開始把重點放在意志上面，同時想證明業的永續性那個學派也出現了，不妨稱為經部或大乘唯識學派，他們傾向精神主義（spiritualism）。

這個學派證明業的永恆性，藉此奠定了種子論。

種子論的意義

大乘裡，種子論的開展，以什麼內容為基本呢？關於這一點，我已經列舉經部的觀點說明過了。

依據經部所說，業的永恆性由心裡的種子活動引起的。種子的活動是連續的，它採取相續、轉變和差別等情狀。但在經部裡尚未詳述相續、轉變和差別等概念。跟這個想法採取同一步調的世親——大乘唯識學的體系家，多少也敷衍這個觀點，我不妨列舉下面的實例來說明。（順正理論•三五•大•廿九•五四一c）

「現在有人行布施造善業，如果他變成承受者的話，這些善業要經由那些過程才能得到樂果呢？施物的承受者得到它，此事表示施主承受殊勝功德與利益。造善業的心，及其樂果的生出會保持必然的連結。縱使施主的心在中途，會由於外在原因（異緣）而改變，最初起的布施心會熏習他。這項潛在的熏習會相續和轉變，最後會出現比其他原因更卓越的力量來成就結果。這樣一來，才會持續以密意，相續下去增加福業。」

接著，再用以下的概念解釋下去。

「在業論方面，以思業（心）為首要。以後生出來叫做相續。這種相續又會在以後個別生出的狀態，即等於轉變。最後所謂差別，就是心在生果的瞬間，縱使有先前造下的業，與其說那個，不如說因為功力殊勝，才把它叫做勝（差別）。」

但若推展這種樂觀的構想時，恐怕會在倫理的次元上遭遇一項困難。不妨列舉一項具體的實例來看。關於殺業的問題，世親說：

「自己親手完成殺人行為（成就業道）當然不在話下，要接受報應，如果命別人去殺，下令者又該如何呢？

使者奉命殺人時，由於這道命令，表示下令者先生出心（思）的種子。這時候等於惡業的種子。之後，當使者完成了殺業時，根據因果相屬的道理，下令者也生出根本業道那顆心（思）的種子。」

這是一種奉命殺人的問題。由於重視思（心）的立場，自造的殺人行為，也跟指使別人去殺人一樣要共同承受懲罰。現行的法律也規定這樣，採取一致的懲罰原則。但在現實上，法律上的判決似乎不採取兩人同罪的方式。不但不是這樣，反而連明顯的殺人行為也罕見，也要端視他是否有計劃的意志決定？來判定死刑或無期徒刑。

但若站在重視思的立場上，只要起了殺人之心，奉命者和本人都要依共罰原則，必須承受苦果才行。

然而，重視思的立場會碰到一個難處。原因是，一旦起了殺人之心，又有殺人行為，知道他依照自己的命令去行事時，心裡會湧起後悔的念頭，或有意要賠償死者，產生諸如此類的善心時，其業果又該如何呢？

世親自己並沒有答覆這個問題（同上•三五•大•二九•五四一c）。

但有一項矛盾很容易發覺，即殺人的心思與後悔之心，那一種會生出結果呢？如把殺人的心思當做因的話，不消說，那是一種苦果，但如將後悔的艮善心思當做因，就會變成樂果。如果是樂果，那麼，殺人行為變成樂果是不合理的。即使起了後悔的善心，如果還是從最初的殺人「心思」，出現苦果的話，那麼，後悔的善心就失去意義了。

如果只重視心思的話，那麼，不論善心或惡心，都必須要同樣被重視。尤其，如果後悔的善心無意義的話，那就無法成立倫理的世界了。

連現行法律為了重視倫理特性，也考慮到後悔的心或後悔態度，這時候，甚至決定減刑，有時還會猶豫執行。

不論如何，在經部與世親的思想脈動裡，業論把重點放在精神動向，而非身體的行動。初期唯識思想那顆思的種子，跟後期唯識學派的體系一齊深化，直到意識下層為止，也很類似應用心理學的分析。它成立阿賴耶識的概念。之後，在阿賴耶識裡，無始以來，自然具有某種功能。這種情狀猶如一顆罌粟裡藏有無量的種籽一樣。

這是先天俱有的種子，但當意識作用呈現時，依賴諸項作用，才會在阿賴耶識裡使氣氛再受到熏習。這種受到熏習的氣氛叫做習氣。

所造的業不論善或惡，其業力會助長阿賴耶識中隱藏的種子，使它決定其中的果法。

由此可知，過去的業會招致現世的苦果或樂果，也會影響它們的未來，使無始以來生滅流轉的輪迴轉生得以活現出來。這樣一來，業論會從心理現象的分析，略帶唯心論的色彩，或從感覺主義、準精神主義轉往宗教的精神主義方向。原因是，業不久會由於心的持有才能改變，它與其是認識的對象，勿寧說，會在宗教上應該被感悟得到的東西。

在阿毘達摩佛敎裡，業是人的動作。之後，阿毘達摩佛敎就嚴密地研究了人類動作的因果關係。但是，即使這樣，他們照樣從中看到不少單憑因果律除不開的東西。於是，他們組織了緣的哲學。

不過，阿毘達摩佛敎的對象認識不止於將人的動作當做對象。它的極限實在可以說到處都是人類學。

到了大乘佛敎時，才開始注意到表面上不科學與不可解的某種力量。誠如上面世親的論述中所看到的情形，到底用「密意」或「因果相屬的道理」等神秘概念來說明種子的活動，還是仰賴阿毘達摩佛敎的對象認識，往下挖掘無法掌握那種潛在意識的次元呢？但，它雖有不合科學的神秘性，也能靠它表示一種新的地平面與正在開拓的領域。

第十二章　業的否定

肯定業的志向

且說有一群婆羅門學者以哲學方式將業的思想造成一種體系——經，這是依據人類自古以來對於永恆之物所懷的悲願。

但它隨著時代的變遷，不斷具備哲學式的外貌，意欲將只是一種悲願的心情客觀化和理論化起來。企圖在主觀與悲願的感情上賦予普遍性。

在這條線上，終於出現了阿毘達摩佛教哲學，以及上述初期大乘的唯識哲學。因此，這套哲學以必然的思想脈動方式，透過業思想的理論操作，意欲樹立普遍性，無疑是理所當然。我們發覺這種思想的脈動，值得注意的是，諸學派即使不否定業的思想，也會在肯定的考量下才把它當做對象。

縱使業論的對象分析，希望導向一種結果——越過因果律的次元，那裡卻先建立了業的處置。阿毘達摩佛教的諸項概念，即使是無表業或不失法，甚至是大乘佛教的種子論，不論那一種業的存在或機能，都要經過設想才有可能。

換句話說，依靠這些所表示的構想基礎，無疑在於業的肯定方面。

更可以說，阿毘達摩佛教哲學也跟大乘唯識的哲學一齊奠定無我論之上。依據他們的看法，人的存在充其量是身心的結合罷了，或是一種心理現象的聯合罷了。它說明不認同主體的我那種徹底的佛教經驗主義。

否定業的志向

以上是肯定總括的業，也是在設想上面的思潮，但是，我們也能目睹其他志向——否定業的存在，企圖超越它去開示一種新世界。它是靠大乘佛教的空與信等思想而來的否定。前者可以龍樹為代表，後者可以淨土宗為代表。

有人不贊成把龍樹與淨土宗總括成一種類型，但是，只要對於業的組成持否定態度。它們應該能夠成為一個類型才對。

龍樹否定因果律

雖然，龍樹在中論裡列舉歷來的諸業論，但若考量以上的立場時，依我看，不妨把那些納入兩項的業論批判裡。

第一是，否定因果律——形成業的結構，第二是否定緣的實際性。

根據原始經典最初的與倫理的業論，情況如下：

「一切衆生全隨業所生，作惡者下地獄，修福者上天堂，行道者得涅槃。」

這段話屢次出現在原始經典裡，即使到目前，它的意義也跟一般人對於業所了解的概念相同，令人吃驚的是，這一點居然古今完全一樣。原因是，現代人對於業的看法，也不會比古代人進步到那裡。

一談到業時，如同前文所說，總是意味業的生滅，我們總以為這是理所當然的想法。殊不知這種想法裡，有一項前提是，一切存在都應有生滅兩種極端的預測。再者，這項前提是，業要靠某種形式存在時才能成立。即以業的存在為條件方式。

但若仔細一想，業不是一種以物體形式存在於某處的東西。因為我的存在不實際，這已經由阿毘達摩佛教論證過了，故若採用同樣的論法時，連業的存在、物體形式，或觀念方式，恐怕都不能存在了。

這樣一來，業會生會滅的說法本身都不可能成立。原因是，不存在的業，不適當有生或滅等空虛內容。

因此，有人說：

「諸業也無滅，由於它不生所使然。」（中論・廿一偈）

用相同論法可以說明一個事實——不實際存在的業裡，不會有常住性和生出業的煩惱同時存在。因為業一開始就不存在。所以，不能說從業因生出業果，或無業因，連業果也會消滅論點。

這樣一來，因果論是組成業論的要因之一，若連這個也不能成立，才會否定了業。通常，這項否定等於否定說一切有部所謂業的實體性的一種解釋。然而，這種解釋不一定妥善。原因是，若把歷史狀態考慮進去，那麼，業的實體性（實有性）到底是什麼呢？

因為在以前的思想——說一切有部裡，不會把實際存在說成業。實有（dravya）即是「實際上有」，而不是實際存在本身。「有」是應有狀態才叫做有，而應有狀態是在活動著。所謂無表色並非物體，也由於它一直被看成相續作用才可得知。關於這一點，無一處談到延長，可分割性，及其他感性等性質。總之，它不是物體。

一般人以為龍樹否定的內容，主要是說一切有部的實有觀，但在說一切有部本身的體系裡，若缺乏實有概念的分析，其否定意味恐怕無法被人正確地接受。

龍樹企圖否定的，不就是這些概念嗎？他要否定的，正是人類本來俱有的悟性判斷。悟性常常把對象分為兩種。

無如，現實上的存在，不是靠這種形式的二分法能夠除盡的。如果實際上如此，也能成為諸項要因的複合體等人生事件的話，此事會更為明白。

由此可知，龍樹企圖否定的是，探討說一切有部等看來頗為模糊的諸項概念，及其成立根據，那就是二元論的想法（兩極端的分割想法）。

龍樹否定緣

在業論的組成要因裡，還留下另一項要因。

總之，因果律一直被認為是組成業論的要因，他為了駁倒二元論才否定它。

其次，另一項組成要因——緣（pratyaya）也被否定了。

一般來說，龍樹否定了阿毘達摩佛教那項緣的實體性了。但是，實體性到底是什麼呢？如不能確認龍樹以前的思想，那麼，龍樹那套否定論的歷史背景，和否定論的意義，不是無法理解嗎？因此，最好不宜輕率地探討實體性，或實有（dravya）等前人的思想概念。誠如前述，雖然屬於以前的思想，但把緣看成實體或物體等想法，不該是很膚淺的思想。關於緣的否定方面，恐怕也一定要注意到這一點才好。

因此，不妨用下面的偈語來表示龍樹對於緣的否定。

「沒有東西作用時會有緣。反之，也沒有東西有緣會沒有作用。所謂有作用的東西是沒有的（果然會有嗎？）」（中論，觀因緣品六偈）

這不是羅什漢譯的中論，而是來自梵文原本的日本譯文，論理上，原文比較容易了解，在學問上，只想列舉出來參考而已。

不論如何，這裡成問題的是，緣與作用（機能）間的關係。

業的根本動力在引起行動，它含有因與緣兩種力量。因是生出果的直接原因，而緣是間接原因。緣不會直接生出果，因為給予助力，才會引出果來。龍樹也想否定它的力量。

雖然，否定因果律的根據是駁倒二元論，那麼，否定緣的根據是什麼呢？把相關性放進存在裡，大概想把它當做應有狀態的方式。

那麼，作用與緣有什麼關係呢？現在，不妨舉「步行」這個例子看看。所謂正在步行，當然指走路的活動狀態存在著。如果沒有活動，就不會正在步行。結果，步行這項活動，跟正在走路，不是分別存在的狀態。走路的活動不是從外界加入。步行與走路活動不是各自分開。活動與動作相呼應，才會走路。活動由於運動存在才算活動，動作是因為活動存在才算動作。

助長業的生出那項緣跟其活動也一樣。緣由於活動才算緣。而且，活動由於緣的存在，才以活動方式呈現機能作用。

因此，不論緣或活動，都缺乏個別的獨存性。兩者建立在相關與相互依存的關係上面。它們好似各自思考，屬於二元論的觀點，只不過把現實抽象性地分開來看罷了。依照二元論的看法，則抓不住現實真相。因為現實全都成立在相關性與相依性上面。

若站在二元論的立場上觀察萬物，全都分成兩極，變成抽象性，這樣就無法正確地掌握到生動的現實了。情況彷彿把許多條支流逐一分開眺望，這樣當然不知海洋的真貌。目睹許多支流流入海裡匯集一起，才會了解海洋，也懂得支流進入大海的情狀。兩者的情狀剛好一樣，若把活動跟緣分開，不論對那一邊都不可能了解透徹。抓不到現實，因為現實存在相關性裡。

由此可見，從駁倒二元論開始前進一步。敍述存在的相關性，等於否定緣的獨自存在。於是，龍樹指出我們的思考法立足於二元論，才會成為抽象，不過是單方的看法罷了。這是否定因果律的說法。

之後，現實的真相是，一切存在奠定在相關性上面。可惜，我們沒有發覺，誤認它們都是各自存在。他指出這種事實，為我們開示現實的真相。這就是衆緣的否定——把一切事實看成獨自的存在，他也指出替代的相關性。

否定業的意義

前期思想（阿毘達摩佛教）承受佛陀時代（原始佛教）的思想，敍述無我論。這樣，並不清楚活動主體的實體。而且，好像把無法知覺的事物當做主體的想法，並非屬於認識，充其量是想像的結果罷了。被當做主體的東西是諸項性質，或暫時有的身與心的集合，而非其他任何事物。實體觀念也是諸項性質經常結合，或被知覺時才發生的假相罷了，這種說法是前期思想的結論。

龍樹的否定推理也建立在這種思想上面。他站在這種思想上探討因果觀念與緣的觀念。

依據他的看法，因果與緣都是靠平常的主觀習慣才能得到的概念。從業因生出業果的習慣經驗——誤解這項主觀的習慣、實體性地客觀化時，會產生論理的謬誤，和宗教的迷妄。

客觀事物的反映，不過是來自經驗的觀念結合罷了。充其量是一種主觀的感受而已。彷彿觀看一個蘋果時，我們根據過去的經驗結果，聯想到它的形狀、顏色和味道等，將這些結合為一體，而後創造蘋果的表象。

這時候，這蘋果的表象，若只限於主觀的經驗統合，則一點兒也沒有錯誤。若將它客觀化，在蘋果具有的諸項性質以外，看到蘋果這個實體時就變成謬誤了。換句話說，離開蘋果的形狀、顏色和味道等主觀感覺，看到蘋果本身在心外時，就叫做謬誤。

並非連有功效的蘋果都要否定。蘋果的存在只是諸項性質及主觀觀念的一捆罷了。存在即是功效，但若除去功效，就不是蘋果。例如塑膠蘋果沒有能吃的功效，所以不是真蘋果。蘋果一旦脫離蘋果的功效，就不能在現實上存在。蘋果的功效跟蘋果處在相依的相關性上，才算是現實的蘋果。他稱相關性為中道。

關於業因業果的因果，情況也一樣。因或果不是實體性地存在心外的東西。因此，業因業果的關係不是靠經驗的事實而存在。兩者的關係雖然含有蓋然性，卻缺乏絕對的確實性。

只不過承認經驗上的必然性罷了。

但若沒有業因業果的關係時，也許連倫理生活與社會秩序都要遭受破壞了。它就好像維持倫理與社會秩序而存在的理想一樣。人的理想最後也許不能達到。如果這樣說，就不會有理想的存在，或沒有必要有理想，兩者的說法完全相同。

因此，龍樹徹底地探討業因業果的關係充其量是蓋然的認識罷了。依據他的看法，他透過二元論的駁斥來表示悟性沒有理性的認識能力，並指出一切都得仰賴經驗。因此，他想開示凡是來自悟性的認識所在，乃係連蓋然的認識都不可能的世界。

他說這種世界是「一切皆空無相無緣」（中論、觀因緣品）、或者叫做「如、法性、實際、涅槃」（同上、觀涅槃品）。

親鸞否定業

雖然，業的思想把人的原始悲願置於識閾底下，但經由悟性的認識與理性認識等操作而開展出來了。這是起自印度那種業的思想，也是業的體系。

但是，到達它最終階段的東西是，靠業而來的主觀感想與經驗認識。這恐怕是龍樹思想的目的所在。這不是論理，實在是一種中道精神的高昂。

有人說龍樹的思想常常屬於否定的論理。實際上，不但不是論理，而是違反論理的東西。它不是論理，勿寧說是中道。

在印度，以經驗認識的方式所掌握的業思想，在淨土系的信仰裡得到繼承時，就變成一種生動的現實相了。

並非向外尋求業的世界，因此，不論在任何解釋裡，它都不是認識的對象，而得在自己身上去尋找。之後，才以業去理解自己罪惡深重的真相。

在印度，有人主張要離開業的輪迴。他們表示人有可能靠修行來超越業的世界。

但是，淨土思想以為人是「沒有出離緣的」。法然說：

「無緣出離的身體，應該沒有什麼好爭。」（歸命本願抄）

親鸞也談到自己被衆苦輪束縛的情狀：

「但從無始以來，一切群生海，在無明海上流轉，沈迷於諸有輪，受到衆苦輪的繫縛，沒有清淨的信樂。」（教行信證・信卷）

所謂自己，也只能如此，乃是無緣脫離業的輪迴那個頑劣愚笨之徒，其間含有無奈的反省：「生死罪濁的群萠」（教行信證・證卷）。他們無法將自己的存在委諸論理的說明，只用這種吐露來傳達自己內在的惡劣實感。

原始佛教的無我論，在於認識我的不存在，但在淨土思想的無我論，卻在怨嘆自己。主體的反省凝視著人類時，諸位哲人不去客觀分析業的問題。結果，在哲學的研究上失去力量，反而步上內省與實存的方向。最後，業被世人當做人類的罪業了。

不論善業也罷，罪業也罷，對於滿身都是罪惡與生死的凡夫，甚至連決定其善惡的基準也沒有。

值得注意的是，他否定善惡兩業也以原始佛教的無我論為基調。但，他無意用對象認識論來掌握無我的道理，反而採用如何掌握自我的實存，來體現無我。

親鸞否定善與惡，決不是倫理的否定。因此，這是我們身上善業與惡業的否定，而且在理論上屬於二元論的否定。上述二元論的否定，在印度始自龍樹。龍樹用有與無、一與異、常與斷等論理與抽象的反對概念來否定二元論。印度的諸學派全都一樣，喜歡運用這種論理概念。龍樹也不例外。

反之，親鸞以平常的具體概念來否定二元論。親鸞的作品裡始終不見有、無、一、異等，採用論理概念的例子。他用平常淺顯的話說明善與惡，誠如他說：「為了讓一文莫名的鄉下人容易明白。」（一念多念証文）

由此可見，親鸞否定業有兩項思想淵源。一種是印度佛教以來的無我論，另一種是印度佛教對二元論的否定。

不問其中那一項理由，顯然，所謂「不知善惡」並非否定倫理的善與惡。

在印度，業論等於提出一個問題—業因業果是什麽？從分析來論述業是作用，而不是宿命論之物。

但，日本的親鸞並沒有處置業的存在。他指出業這種東西不過是主觀的表象罷了，而且斷定這個表象不是心理的表象，充其量是缺乏宗教信仰所引起的妄想罷了。因為業不是實際的存在，也沒有造業的罪。

依親鸞看來，自救即是自覺罪業之無。

印度佛教在業的結構中，企圖說明意志的自由。但是，親鸞透過業的否定，反而企圖在絕對者（阿彌陀佛）中看到沒有妄想的意志自由。無如，卻呈現一種精神主義，乃至神秘主義傾向。

結語

簡述了業思想的發生及變遷之後，最後還剩下兩項課題。一項是，業的思想在人生過程裡有什麼意義和價值呢？

佛陀對於業的解釋不同於以前的思想，他從外在的解釋向內在的心意深入挖掘。在這段過程裡，可見業裡已經擁有倫理的行動主義體系傳統了。站在佛教思想史上說，這是阿毘達摩佛教的哲學基礎。同樣出現在這項過程上面的是，不贊成去否定業的傳統。但是，這項否定透過否定業的實際存在，含有某種企圖照射其機能的意味。這是大乘佛教的龍樹哲學，也叫做中觀學派的傳統。

值得注意的是，居然能夠看到這兩項印度傳統上的共同點。

總之，不論那一項都在重視心意的問題，也能以知的對象方式掌握業的實質。這種心意是由自己向對方推動的心意。

然而，有一種思想也否定了這個內在性。那是很愚蠢平庸的自覺——自己根本沒有那種向人推動的心意。讓自己沈沒在業裡，充滿無力感。這種自覺反而導向另一種宗教體驗——由於越過業的範圍，以至根本否定業的存在。這正是日本親鸞上人對於業的否定觀。

另一項課題是，主觀的與內省的業觀，怎樣能夠在現代社會上對應得了呢？印度的業思想雖然不是針對社會。反之，它卻有一套倫理與行動哲學的強勢論理。但從佛教思想史上看來，從親鸞那套異質性的業觀裡，能夠引出怎樣的行動哲學呢？親鸞主張從業的束縛下，去超越業的界限，若想在這項教義裡肯定某種近代意義的話，就得有一套確定的方法論，來探究社會上那個善惡業的欄干。不是要超越業的束縛，而是用一套論理結構，盡可能超出業的束縛，讓它朝向世界的佛教思想史，不僅是日本的親鸞，難道這不是佛教本身的職責嗎？

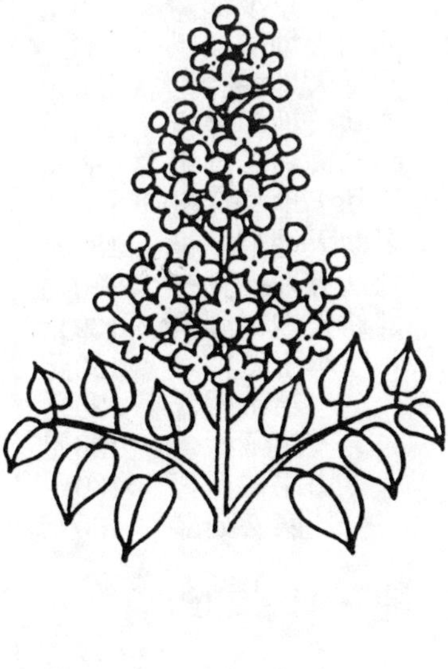

大展出版社有限公司	圖書目錄
地址：台北市北投區11204 致遠一路二段12巷1號 郵撥： 0166955～1	電話：(02) 8236031 8236033 傳眞：(02) 8272069

・法律專欄連載・電腦編號58

台大法學院 法律學系／策劃
法律服務社／編著

①別讓您的權利睡著了[1]	180元
②別讓您的權利睡著了[2]	180元

・婦 幼 天 地・電腦編號16

①八萬人減肥成果	黃靜香譯	150元
②三分鐘減肥體操	楊鴻儒譯	130元
③窈窕淑女美髮秘訣	柯素娥譯	130元
④使妳更迷人	成　玉譯	130元
⑤女性的更年期	官舒妍編譯	130元
⑥胎內育兒法	李玉瓊編譯	120元
⑦愛與學習	蕭京凌編譯	120元
⑧初次懷孕與生產	婦幼天地編譯組	180元
⑨初次育兒12個月	婦幼天地編譯組	180元
⑩斷乳食與幼兒食	婦幼天地編譯組	180元
⑪培養幼兒能力與性向	婦幼天地編譯組	180元
⑫培養幼兒創造力的玩具與遊戲	婦幼天地編譯組	180元
⑬幼兒的症狀與疾病	婦幼天地編譯組	180元
⑭腿部苗條健美法	婦幼天地編譯組	150元
⑮女性腰痛別忽視	婦幼天地編譯組	130元
⑯舒展身心體操術	李玉瓊編譯	130元
⑰三分鐘臉部體操	趙薇妮著	120元
⑱生動的笑容表情術	趙薇妮著	120元
⑲心曠神怡減肥法	川津祐介著	130元
⑳內衣使妳更美麗	陳玄茹譯	130元

・青 春 天 地・電腦編號17

①A血型與星座	柯素娥編譯	120元

②B血型與星座	柯素娥編譯	120元
③O血型與星座	柯素娥編譯	120元
④AB血型與星座	柯素娥編譯	120元
⑤青春期性教室	呂貴嵐編譯	130元
⑥事半功倍讀書法	王毅希編譯	130元
⑦難解數學破題	宋釗宜編譯	130元
⑧速算解題技巧	宋釗宜編譯	130元
⑨小論文寫作秘訣	林顯茂編譯	120元
⑩視力恢復！超速讀術	江錦雲譯	130元
⑪中學生野外遊戲	熊谷康編著	120元
⑫恐怖極短篇	柯素娥編譯	130元
⑬恐怖夜話	小毛驢編譯	130元
⑭恐怖幽默短篇	小毛驢編譯	120元
⑮黑色幽默短篇	小毛驢編譯	120元
⑯靈異怪談	小毛驢編譯	130元
⑰錯覺遊戲	小毛驢編譯	130元
⑱整人遊戲	小毛驢編譯	120元
⑲有趣的超常識	柯素娥編譯	130元
⑳哦！原來如此	林慶旺編譯	130元
㉑趣味競賽100種	劉名揚編譯	120元
㉒數學謎題入門	宋釗宜編譯	150元
㉓數學謎題解析	宋釗宜編譯	150元
㉔透視男女心理	林慶旺編譯	120元
㉕少女情懷的自白	李桂蘭編譯	120元
㉖由兄弟姊妹看命運	李玉瓊編譯	130元
㉗趣味的科學魔術	林慶旺編譯	150元
㉘趣味的心理實驗室	李燕玲編譯	150元
㉙愛與性心理測驗	小毛驢編譯	130元
㉚刑案推理解謎	小毛驢編譯	130元
㉛偵探常識推理	小毛驢編繹	130元

•健 康 天 地•電腦編號18

①壓力的預防與治療	柯素娥編譯	130元
②超科學氣的魔力	柯素娥編譯	130元
③尿療法治病的神奇	中尾良一著	130元
④鐵證如山的尿療法奇蹟	廖玉山譯	120元
⑤一日斷食健康法	葉慈容編譯	120元
⑥胃部強健法	陳炳崑譯	120元
⑦癌症早期檢查法	廖松濤譯	130元

⑧老人痴呆症防止法	柯素娥編譯	130元
⑨松葉汁健康飲料	陳麗芬編譯	130元

•超現實心理講座• 電腦編號22

①超意識覺醒法	詹蔚芬編譯	130元
②護摩秘法與人生	劉名揚編譯	130元
③秘法！超級仙術入門	陸 明譯	150元

•心 靈 雅 集• 電腦編號00

①禪言佛語看人生	松濤弘道著	150元
②禪密教的奧秘	葉逯謙譯	120元
③觀音大法力	田口日勝著	120元
④觀音法力的大功德	田口日勝著	120元
⑤達摩禪106智慧	劉華亭編譯	150元
⑥有趣的佛教研究	葉逯謙編譯	120元
⑦夢的開運法	蕭京凌譯	130元
⑧禪學智慧	柯素娥編譯	130元
⑨女性佛教入門	許俐萍譯	110元
⑩佛像小百科	心靈雅集編譯組	130元
⑪佛教小百科趣談	心靈雅集編譯組	120元
⑫佛教小百科漫談	心靈雅集編譯組	150元
⑬佛教知識小百科	心靈雅集編譯組	150元
⑭佛學名言智慧	松濤弘道著	180元
⑮釋迦名言智慧	松濤弘道著	180元
⑯活人禪	平田精耕著	120元
⑰坐禪入門	柯素娥編譯	120元
⑱現代禪悟	柯素娥編譯	130元
⑲道元禪師語錄	心靈雅集編譯組	130元
⑳佛學經典指南	心靈雅集編譯組	130元
㉑何謂「生」 阿含經	心靈雅集編譯組	130元
㉒一切皆空 般若心經	心靈雅集編譯組	130元
㉓超越迷惘 法句經	心靈雅集編譯組	130元
㉔開拓宇宙觀 華嚴經	心靈雅集編譯組	130元
㉕真實之道 法華經	心靈雅集編譯組	130元
㉖自由自在 涅槃經	心靈雅集編譯組	130元
㉗沈默的教示 維摩經	心靈雅集編譯組	130元
㉘開通心眼 佛語佛戒	心靈雅集編譯組	130元
㉙揭秘寶庫 密教經典	心靈雅集編譯組	130元
㉚坐禪與養生	廖松濤譯	110元

㉛釋尊十戒	柯素娥編譯	120元
㉜佛法與神通	劉欣如編著	120元
㉝悟（正法眼藏的世界）	柯素娥編譯	120元
㉞只管打坐	劉欣如編譯	120元
㉟喬答摩・佛陀傳	劉欣如編著	120元
㊱唐玄奘留學記	劉欣如編譯	120元
㊲佛教的人生觀	劉欣如編譯	110元
㊳無門關（上卷）	心靈雅集編譯組	150元
㊴無門關（下卷）	心靈雅集編譯組	150元
㊵業的思想	劉欣如編著	130元
㊶		

•經 營 管 理•電腦編號01

◎創新經營六十六大計（精）	蔡弘文編	780元
①如何獲取生意情報	蘇燕謀譯	110元
②經濟常識問答	蘇燕謀譯	130元
③股票致富68秘訣	簡文祥譯	100元
④台灣商戰風雲錄	陳中雄著	120元
⑤推銷大王秘錄	原一平著	100元
⑥新創意・賺大錢	王家成譯	90元
⑦工廠管理新手法	琪　輝著	120元
⑧奇蹟推銷術	蘇燕謀譯	100元
⑨經營參謀	柯順隆譯	120元
⑩美國實業24小時	柯順隆譯	80元
⑪撼動人心的推銷法	原一平著	120元
⑫高竿經營法	蔡弘文編	120元
⑬如何掌握顧客	柯順隆譯	150元
⑭一等一賺錢策略	蔡弘文編	120元
⑮世界經濟戰爭	約翰・渥洛諾夫著	120元
⑯成功經營妙方	鐘文訓著	120元
⑰一流的管理	蔡弘文編	150元
⑱外國人看中韓經濟	劉華亭譯	150元
⑲企業不良幹部群相	琪輝編著	120元
⑳突破商場人際學	林振輝編著	90元
㉑無中生有術	琪輝編著	140元
㉒如何使女人打開錢包	林振輝編著	100元
㉓操縱上司術	邑井操著	90元
㉔小公司經營策略	王嘉誠著	100元
㉕成功的會議技巧	鐘文訓編譯	100元
㉖新時代老闆學	黃柏松編著	100元

㉗如何創造商場智囊團	林振輝編譯	150元
㉘十分鐘推銷術	林振輝編譯	120元
㉙五分鐘育才	黃柏松編譯	100元
㉚成功商場戰術	陸明編譯	100元
㉛商場談話技巧	劉華亭編譯	120元
㉜企業帝王學	鐘文訓譯	90元
㉝自我經濟學	廖松濤編譯	100元
㉞一流的經營	陶田生編著	120元
㉟女性職員管理術	王昭國編譯	120元
㊱ＩＢＭ的人事管理	鐘文訓編譯	150元
㊲現代電腦常識	王昭國編譯	150元
㊳電腦管理的危機	鐘文訓編譯	120元
㊴如何發揮廣告效果	王昭國編譯	150元
㊵最新管理技巧	王昭國編譯	150元
㊶一流推銷術	廖松濤編譯	120元
㊷包裝與促銷技巧	王昭國編譯	130元
㊸企業王國指揮塔	松下幸之助著	120元
㊹企業精銳兵團	松下幸之助著	120元
㊺企業人事管理	松下幸之助著	100元
㊻華僑經商致富術	廖松濤編譯	130元
㊼豐田式銷售技巧	廖松濤編譯	120元
㊽如何掌握銷售技巧	王昭國編著	130元
㊾一分鐘推銷員	廖松濤譯	90元
㊿洞燭機先的經營	鐘文訓編譯	150元
51ＩＢＭ成功商法	巴克・羅傑斯著	130元
52新世紀的服務業	鐘文訓編譯	100元
53成功的領導者	廖松濤編譯	120元
54女推銷員成功術	李玉瓊編譯	130元
55ＩＢＭ人才培育術	鐘文訓編譯	100元
56企業人自我突破法	黃琪輝編著	150元
57超級經理人	羅拔・海勒著	100元
58財富開發術	蔡弘文編著	130元
59成功的店舖設計	鐘文訓編著	150元
60靈巧者成功術	鐘文訓編譯	150元
61企管回春法	蔡弘文編著	130元
62小企業經營指南	鐘文訓編譯	100元
63商場致勝名言	鐘文訓編譯	150元
64迎接商業新時代	廖松濤編譯	100元
65透視日本企業管理	廖松濤　譯	100元
66新手股票投資入門	何朝乾　編	150元
67上揚股與下跌股	何朝乾編譯	150元

⑱股票速成學	何朝乾編譯	180元
⑲理財與股票投資策略	黃俊豪編著	180元
⑳黃金投資策略	黃俊豪編著	180元
㉑厚黑管理學	廖松濤編譯	180元
㉒股市致勝格言	呂梅莎編譯	180元
㉓透視西武集團	林谷燁編譯	150元
㉔推銷改變我的一生	柯素娥　譯	120元
㉕推銷始於被拒　　暻	盧媚琨　譯	120元
㉖巡迴行銷術	陳蒼杰譯	150元
㉗推銷的魔術	王嘉誠譯	120元
㉘60秒指導部屬	周蓮芬編譯	150元
㉙精銳女推銷員特訓	李玉瓊編譯	130元
㉚企劃、提案、報告圖表的技巧	鄭　汶　譯	180元
㉛海外不動產投資	許達守編譯	150元
㉜八百伴的世界策略	李玉瓊譯	150元
㉝服務業品質管理	吳宜芬譯	180元
㉞零庫存銷售	黃東謙編譯	150元
㉟三分鐘推銷管理	劉名揚編譯	150元
㊱推銷大王奮鬥史	原一平著	150元
㊲豐田汽車的生產管理	林谷燁編譯	元

• 成 功 寶 庫 • 電腦編號02

①上班族交際術	江森滋著	100元
②拍馬屁訣竅	廖玉山編譯	110元
③一分鐘適應法	林曉陽譯	90元
④聽話的藝術	歐陽輝編譯	110元
⑤人心透視術	多湖輝著	100元
⑥克服逆境的智慧	廖松濤　譯	100元
⑦不可思議的人性心理	多湖輝　著	120元
⑧成功的人生哲學	劉明和　譯	120元
⑨求職轉業成功術	陳　義編著	110元
⑩上班族禮儀	廖玉山編著	120元
⑪接近心理學	李玉瓊編著	100元
⑫創造自信的新人生	廖松濤編著	120元
⑬卡耐基的人生指南	林曉鐘編譯	120元
⑭上班族如何出人頭地	廖松濤編著	100元
⑮神奇瞬間瞑想法	廖松濤編譯	100元
⑯人生成功之鑰	楊意苓編著	150元
⑰當一個享受成功的人	戴恆雄編著	100元
⑱潛在心理術	多湖輝　著	100元

國立中央圖書館出版品預行編目資料

業的思想／劉欣如編著　--初版　--臺北市
：大展，民82
185面；　公分　--（心靈雅集；40）
ISBN 957-557-389-7（平裝）

1. 佛教-哲學，原理

220.1　　82006279

業的思想

ISBN 957-557-389-7

編著者／劉 欣 如
發行人／蔡 森 明
出版者／大展出版社有限公司
社址／台北市北投區
致遠一路二段12巷1號
電話／（02）8236031・8236033
傳眞／（02）8272069
郵政劃撥／0166955－1
登記證／局版臺業字第2171號

法律顧問／劉 鈞 男 律師
承印者／國順圖書印刷公司
電話／（02）9677226
排版者／千賓電腦打字有限公司
電話／（02）8836052
初版／1993年（民82年）9月
定價／新台幣130元